# Vorwort

*Skalen* sind in den letzten Jahren zum unverzichtbaren Handwerkzeug eines jeden Gitarristen geworden. Was vor wenigen Jahren noch ausschließlich Jazzgitarristen vorbehalten war, hat längst Einzug in das Übungs- und Solorepertoire von Rock-, Blues- und Heavy Metal-Gitarristen gefunden.

Dabei dienen Skalen nicht nur der Technikschulung, sondern liefern das geeignete Tonmaterial zur Gestaltung von *Soli* und *Licks*. Skalen prägen aber auch die stilistische Spielweise eines jeden Gitarristen. So bevorzugen z. B. *Randy Rhoads* und *Al di Meola* die phrygische Skala, *Steve Vai* die lydische Skala, *Jeff Beck* die mixolydische Skala und *Eric Clapton* die Blues-Skala. Und Gitarristen wie *Eddie van Halen, Steve Vai* oder *Joe Satriani* haben das Skalenmaterial für die **Tapping-technik** erschlossen. (vgl. **Tapping Special** S. 77 ff.)

Ziel dieses Buches soll es sein, dem Gitarristen diese Vielfalt an Skalen, die in der heutigen Musik Anwendung finden, in anschaulicher und leicht nachvollziehbarer Weise näher zu bringen. Dabei geht "ROCK GUITAR SCALES" von der Tatsache aus, daß der Jazzgitarrist ebenso rockspezifische Elemente beherrschen sollte, wie der Rockgitarrist mit den Elementen des Jazz vertraut sein müßte, wenn beide auf der Höhe der Zeit sein wollen. Kirchentonleitern, Pentatonik und symmetrische Skalen gehören ebenso dazu, wie spezielle Spieltechniken wie 'Bendings', 'Pull Offs' , 'Tappings' usw.

Basis von "ROCK GUITAR SCALES" ist, daß aus *einer* Tonleiter, die in fünf gut zu spielenden Positionen dargestellt wird, sich eine Vielzahl von Skalen ableiten lassen. Wobei die Dur-Tonleiter, die in der abendländischen Musik eine gewichtige Rolle spielt, den Ausgangspunkt darstellt. Von ihr aus lassen sich die anderen Skalen gut erfassen. Beherrscht der Gitarrist die fünf Positionen der Dur-Tonleiter, so wird er sich ohne Probleme auch in den anderen Skalen zurechtfinden. Das sind: **Dur- und Moll-Pentatonik**, **Bluestonleiter**, **die Kirchentonleitern (Modi) und Pentatoniken, Harmonisch- und Melodisch-Moll, die symmetrischen Skalen** wie **Ganztonleiter, Halbton-Ganztonleiter** und **Ganzton-Halbtonleiter** u. a.

In einem **Tapping-Special** finden sich neben einer grundlegenden Einführung in die Tappingtechnik die wichtigsten Skalen noch einmal für die Tapping-Spielweise bearbeitet. Allen Skalen sind **spezielle Übungen** und **Sololicks** im Stile bekannter Gitarristen zugeordnet.

Die Skalen werden als Tabulaturen bzw. Griffdiagramme dargestellt, da sich ihr *Griffbild schnell einprägt* und im Gegensatz zu Notendarstellungen *tonarten-unabhängig* ist. Die Licks, die dem Gitarristen die Möglichkeiten der Anwendung von Skalen zeigen sollen, und die technischen Übungen, die dem Training der linken und rechten Hand dienen, sind in Tabulatur **und** Noten dargestellt.

Damit ist "ROCK GUITAR SCALES" *Nachschlagewerk und Lehrbuch* zugleich. Nachschlagewerk für denjenigen, der sich einen kurzen Überblick über eine bestimmte Skala verschaffen möchte und Lehrbuch für denjenigen, der sich eingehender mit den Skalen beschäftigen will.

Viel Spaß, Geduld und Erfolg

Rainer Baumann

# Inhalt

*Rainer Baumann*

# ROCK GUITAR SCALES

*Rock, Blues, Metal, Jazz*

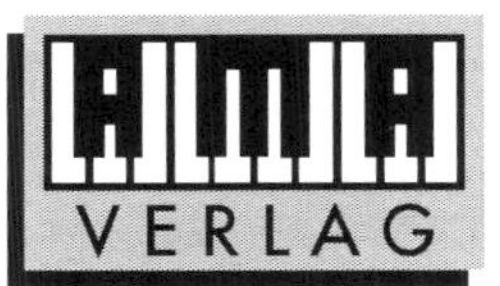

AMA-Verlag
Postfach 1168
50301 Brühl

| | |
|---|---|
| Umschlag: | Patrizia Obst, Köln |
| Fotos: | Thomas Petzold (S. 15, 16, 78, 81)<br>WEA (S. 17)<br>Teldec (S. 23)<br>CBS (S. 38, 43)<br>IRS-Intercord (S. 64-76) |
| Notensatz & Grafiken: | Rainer Baumann |
| Schriftsatz: | René Teichgräber, Langenfeld |
| Redaktions- und Herstellungsleitung: | Thomas Petzold |
| Druck: | Druckhaus Gummersbach Wagener GmbH |
| Gesamtleitung: | Detlef Kessler |

Printed in West-Germany

ISBN 3-927190-02-0

# DIE DUR TONLEITER

# Dur-Tonleiter, I. Position

Die Dur-Tonleiter ist das Fundament der theoretischen und praktischen Musikanschauung. Auf ihr baut sich die gesamte Harmonielehre, sowie das System der Kirchentonleitern (Modi) auf. Wir wollen deshalb mit dieser Tonleiter, die eigentlich auch schon zu den Kirchentonleitern ("ionischer Modus", vgl. S. 40ff.) gehört, anfangen.

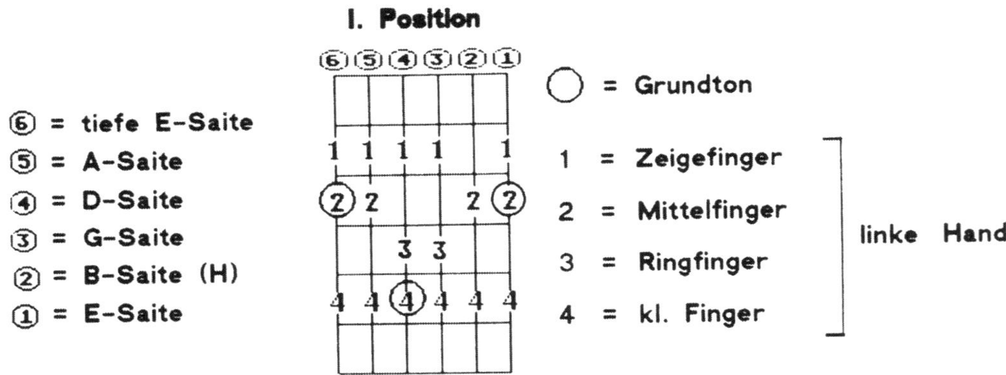


Hier haben wir die I. Position mit Grundton auf der 6. Saite – der tiefen E-Saite – und mit dem 2. Finger (Mittelfinger) gegriffen.

Da der Grundton im 3. Bund liegt, spielen wir in G (G-Durtonleiter).

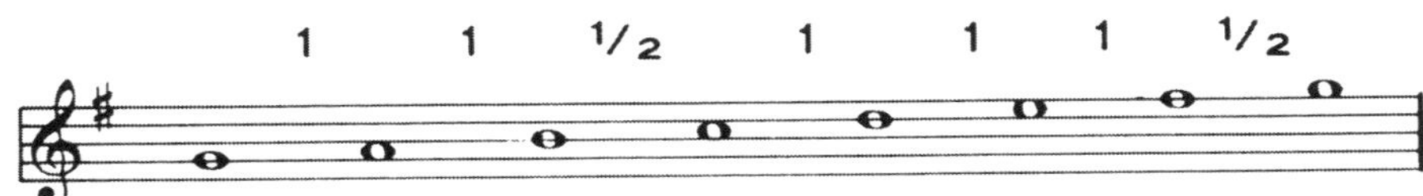


Wir können das Griffdiagramm aber auch in jeden anderen Bund verschieben. Mit Hilfe der *ausklappbaren Griffbrettübersicht* im Anhang kannst du dann die Tonart selbständig bestimmen. Würde der Grundton der I. Position zum Beispiel im 5. Bund liegen, erhalten wir eine A-Dur-Tonleiter, im 8. Bund eine C-Dur-Tonleiter usw. Du brauchst dir also nur ein Griffbild für jede Position einzuprägen, um die Dur- Tonleiter in allen Tonarten spielen zu können.

Übung 1:

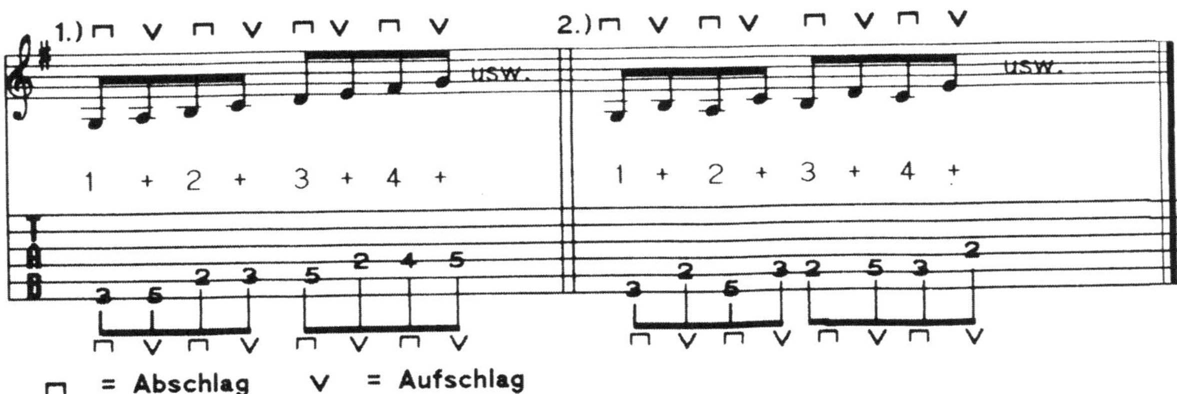

***Übungstip:***

*Beim Einüben ist auf Wechselschlag des Plektrums zu achten: Halte das Plektrum locker zwischen Daumen und Zeigefinger der rechten Hand, so daß die Spitze des Plektrums nach unten zeigt. Du schlägst zunächst* ***sauber*** *und* ***gleichmäßig*** *mit der Spitze des Plektrums die Saite von oben nach unten (⊓ = Abschlag) an. Danach führst du die Plektrumspitze in Gegenbewegung von unten nach oben (V = Aufschlag). Achte darauf, daß sowohl Abschlag als auch Aufschlag locker aus dem Handgelenk ausgeführt werden. Übe diesen* ***Wechselschlag*** *in langsamem Tempo mit Metronom oder Drum Computer (gute Tips zur Arbeit mit diesen Taktgebern findest du in Eddy Marrons* ***Rhythmiklehre****). Versuche auch, deinen Fuß gleichmäßig zu den Metronomschlägen zu bewegen. Geht die Fußspitze abwärts, so macht das Plektrum ebenfalls eine Abwärtsbewegung, geht die Fußspitze hoch, so macht das Plektrum ebenfalls eine Aufwärtsbewegung. Nur durch eine solche rhythmische Gleichmäßigkeit erreichst du ein gutes* ***Timing****. Also:* ***konsequent Auf- und Abschlag.***

# Dur-Tonleiter, II. Position

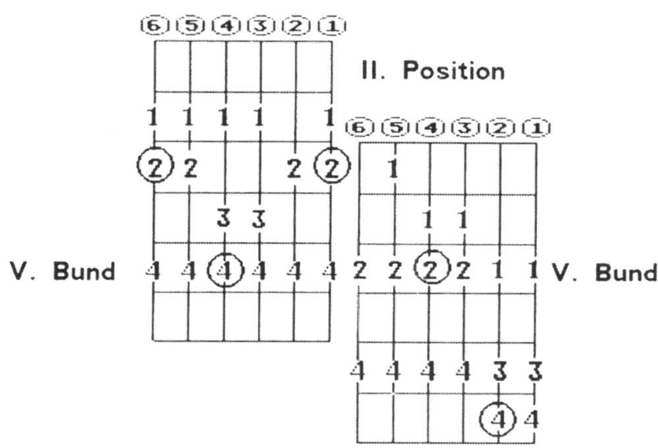


Die II. Position schließt sich wie "verzahnt" an die I. Position. Wo in der I. Position durchgehend der 4. Finger greifen mußte, kommt nun der 2. Finger und auf der 2. und 1. Saite der 1. Finger zum Liegen. **Achtung:** Auf der 5. Saite (A-Saite) muß der Zeigefinger (1) bis in den 3. Bund gestreckt werden.

***Übungstip:***

*Lerne die II. Position genauso gut kennen, wie die I. und versuche erst dann, beide Positionen zu verbinden. Merke dir wieder, wo die Grundtöne liegen. Spiele die Übungsvorschläge mit* ***konsequentem Auf- und Abschlag.*** *Die Bezeichnung V. Bund bezieht sich lediglich auf die G-Dur-Tonart. In jeder anderen Tonart verschiebt sich die Lage entsprechend (vgl.* ***Griffbrettübersicht*** *im Anhang).*

Übung 2:

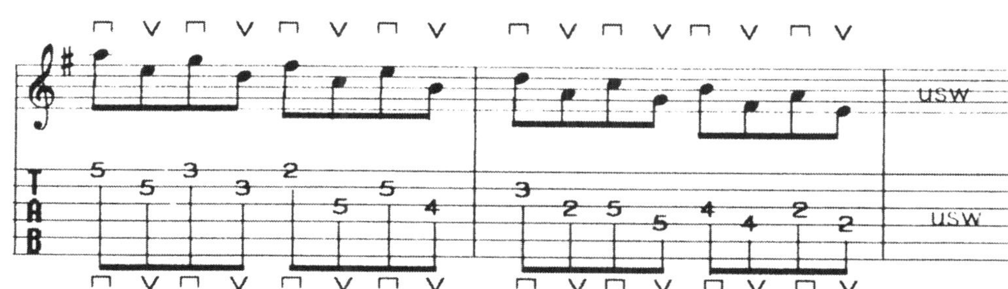

# Dur-Tonleiter, III. Position

I. Position

II. Position

III. Position

Übe die III. Position wie die vorherigen beiden Positionen. Übung 3 steht in **A**. Verschiebe die Positionen also zwei Halbtöne (Bünde) höher als in G (vgl. S. 6).

Übung 3:

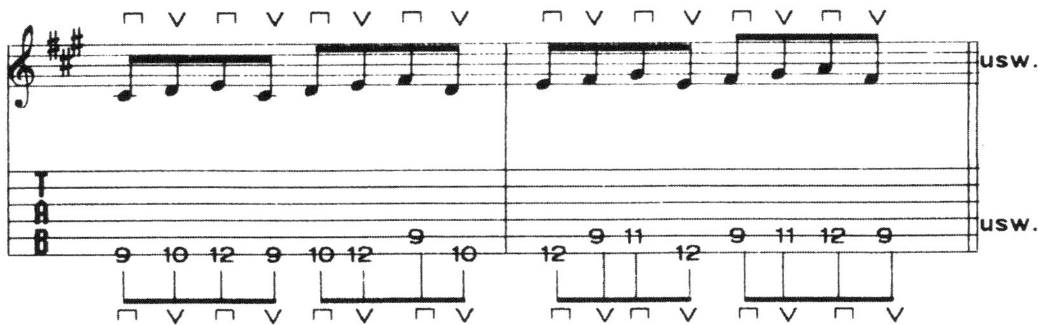

# Dur-Tonleiter, IV. Position

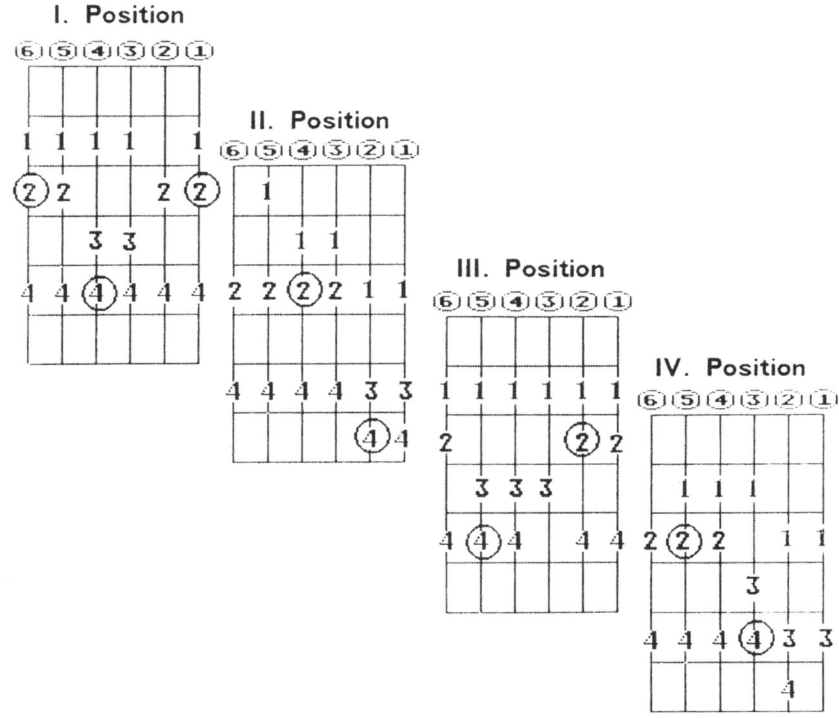


Denke daran, die Positionen einzeln zu üben, bevor du sie verbindest; denn jede Position ist gleich wichtig. Ansonsten: Position IV einüben wie gehabt und die Übungen 1-3 auf die IV. Position übertragen, um Sicherheit zu erlangen - und nicht vergessen ***mit konsequentem Auf- und Abschlag.***

Die folgende Übung ist für die IV. Position. - Da die meisten Übungen Sequenzcharakter haben - eine Sequenz ist die Wiederholung eines Motivs oder Patterns auf verschiedenen Tonstufen (z.B. einen Ton hoch und zwei Töne runter, wieder ein Ton hoch und zwei runter, usw. (vgl. Übung 4 ) -, ist es möglich, sie ohne Probleme auch auf die anderen Positionen zu übertragen. Du mußt nur die Tonfolge des Patterns einhalten. Sequenzen lassen sich übrigens auch wunderbar in ein Solo einbauen.

Übung 4:

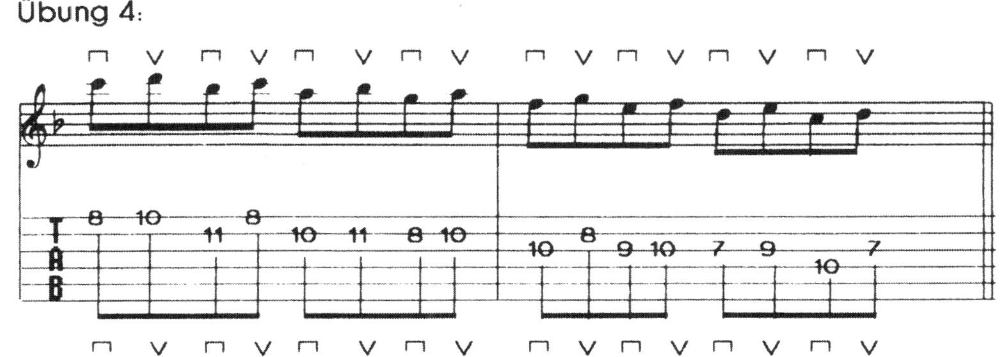

# Dur-Tonleiter, V. Position

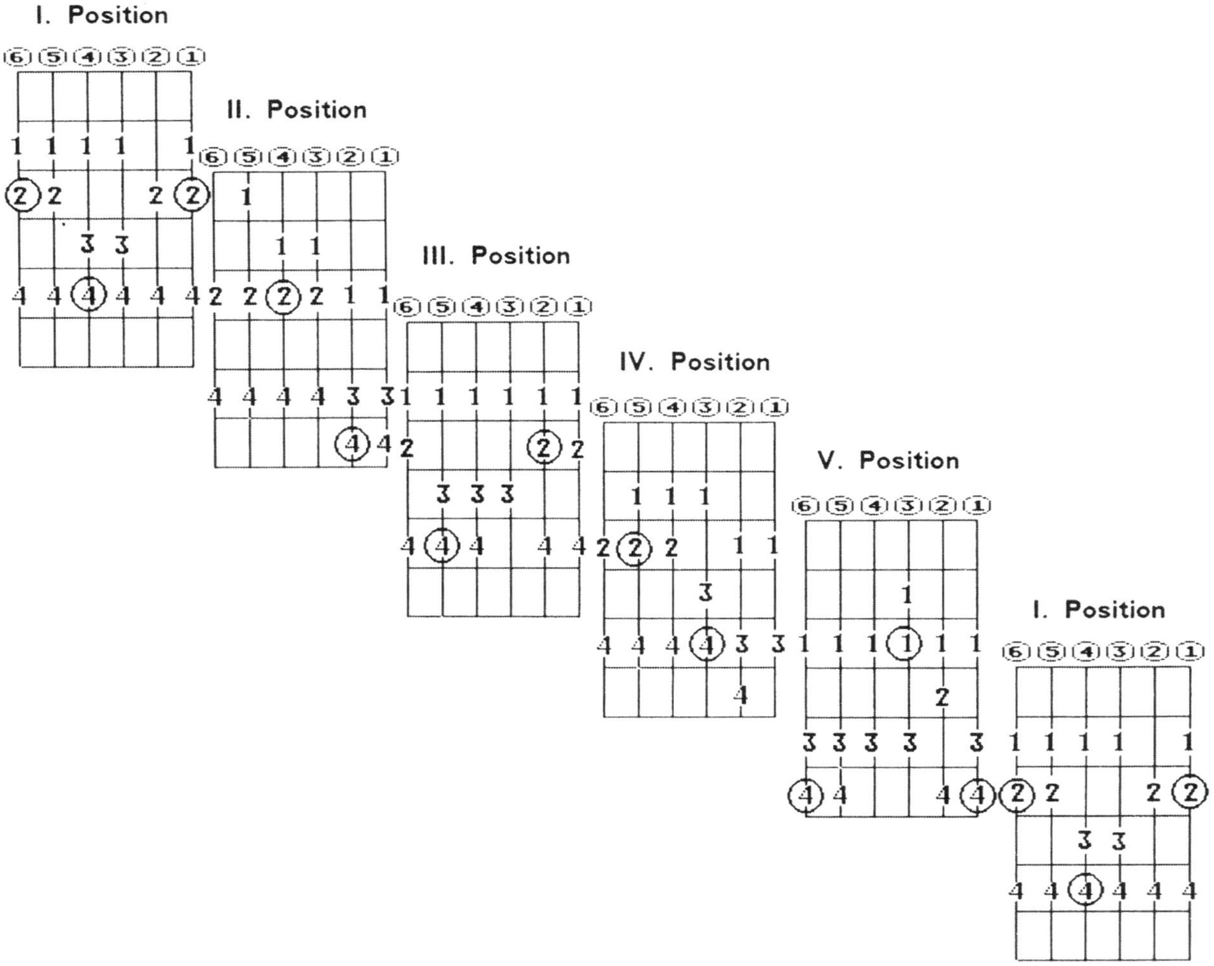

I. Position

II. Position

III. Position

IV. Position

V. Position

I. Position

An die V. Position schließt sich nun wieder die I. Position an, nur 12 Bünde höher. Somit hat sich der Kreis geschlossen und du bist in der Lage, jede Dur-Tonleiter über das gesamte Griffbrett zu spielen.

Unten siehst du die gleiche Übung wie auf der Vorseite, nur daß sie hier auftaktig, also auf "Und " beginnt. Wende dieses Pattern in allen Positionen an.

Übung 5:

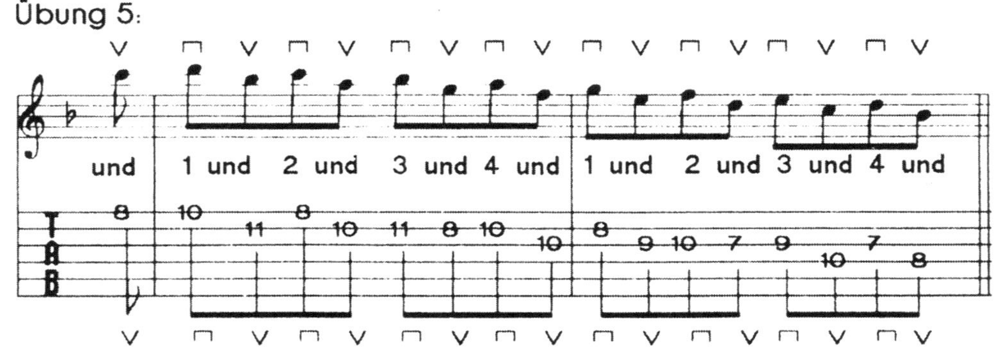

# Dur-Tonleiter mit I. Position in der Mitte

Nebenstehend siehst du die I. Position in der "Mitte" des Griffbretts ( z. B.: I. Position mit Grundton C im 8. Bund), so daß vor der I. Position nun die V. und IV. Position liegt.

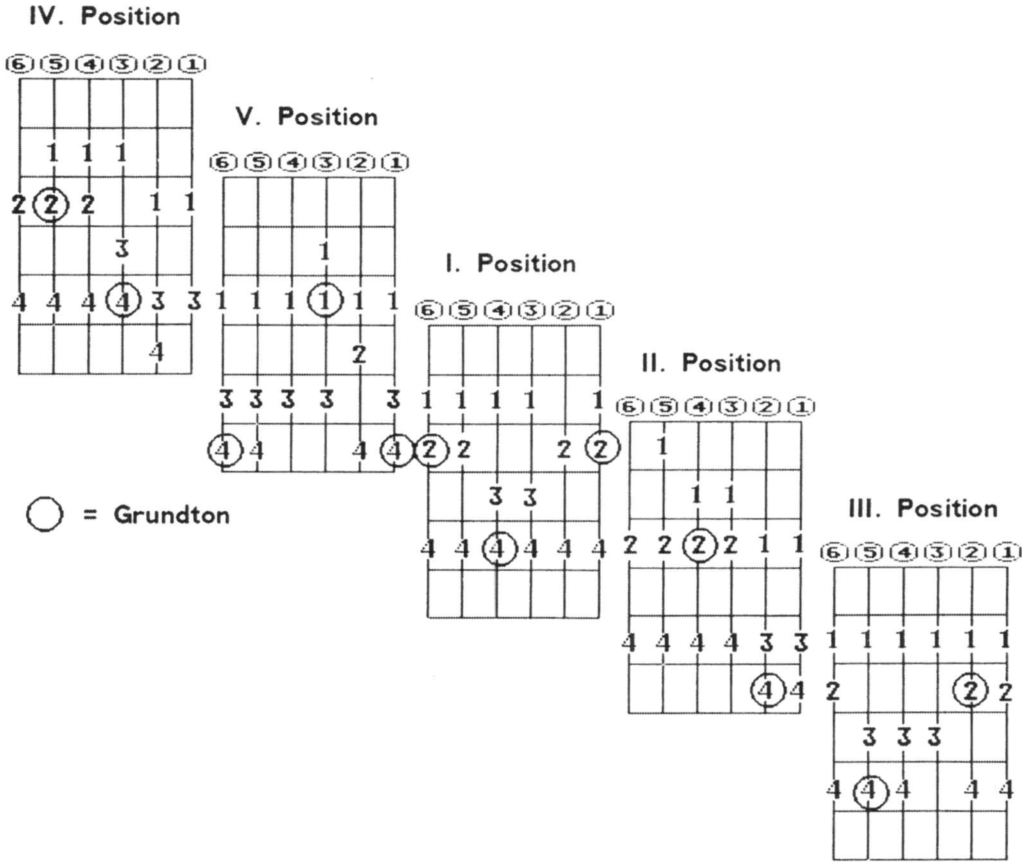


Versuche, die Tonleiter von jeder Position aus zu beginnen (Grundtöne sind durch Kreise gekennzeichnet).

Und wenn du das Griffbrett deiner Gitarre wirklich beherrschen willst, übe die fünf Positionen der Dur-Tonleiter **durch alle Tonarten**.

***Übungstip:***

*Es dürfte bekannt sein, daß aus dem Skalenmaterial Akkorde entwickelt werden. Deshalb sind in jedem Griffbild – sozusagen "unsichtbar" – die Akkordtöne enthalten, die man nur "herausschälen" muß. Unten links siehst du die I. Position. Daneben stehen zwei Griffdiagramme. Im ersten der C-Dur Akkord – vorausgesetzt wir sind in G – und im zweiten ein D7 Akkord. Ich habe Grundton ( ○ ), Terz ( △ ), Quinte ( □ ) und Septime ( ◇ ) der Akkorde entsprechend gekennzeichnet. So kannst du dir die Hauptakkorde in allen Tonarten selbständig zusammenbasteln. Versuche noch mehr Akkorde "rauszufiltern", auch für andere Positionen und schaffe sie dir drauf.*

## Übung 6:

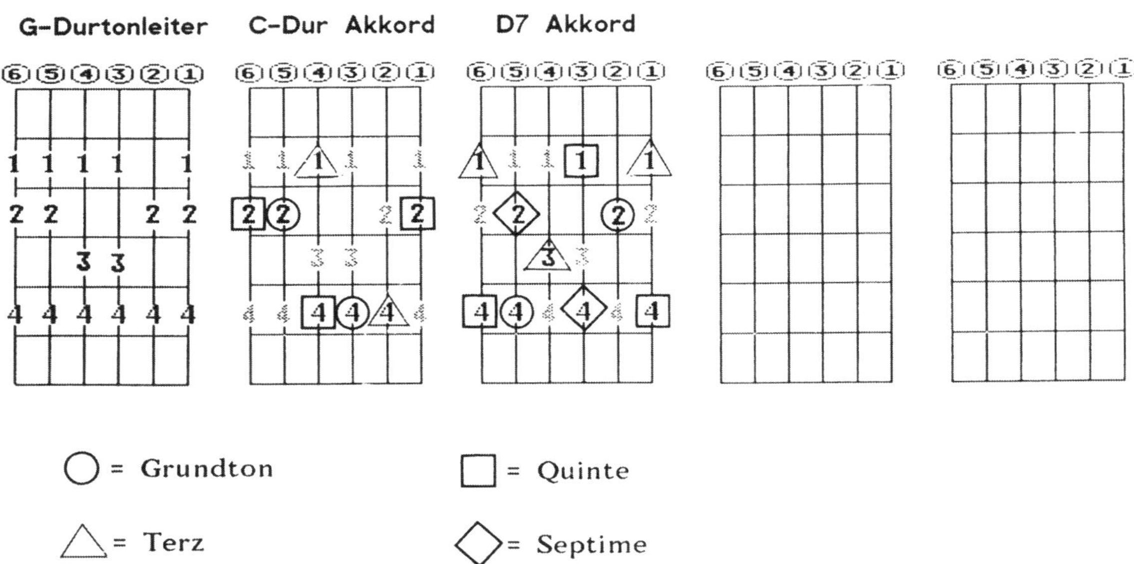

# PENTATONIK UND BLUESTONLEITER

# Dur-Pentatonik

Die Pentatonik gehört zu den ältesten Tonleitern. Ihre Existenz läßt sich bis mehr als tausend Jahre vor Christi Geburt zurückverfolgen. Der Begriff Pentatonik bezeichnet die Anzahl der Töne (griech.: penta = fünf). Von der Dur-Tonleiter ausgehend werden der 4. und 7. Ton weggelassen. Damit fehlen der Pentatonik die Halbtonschritte, womit sie - frei von funktionalen harmonischen Zwängen - zu den beliebtesten und meistgespielten Improvisations- bzw. Solo-Skalen in der Jazz-, Rock- und Popmusik gehört. Es werden zwei Pentatoniken unterschieden. Erstens die **Dur-Pentatonik** und zweitens die **Moll-Pentatonik**.

## Dur-Pentatonik, I. Position

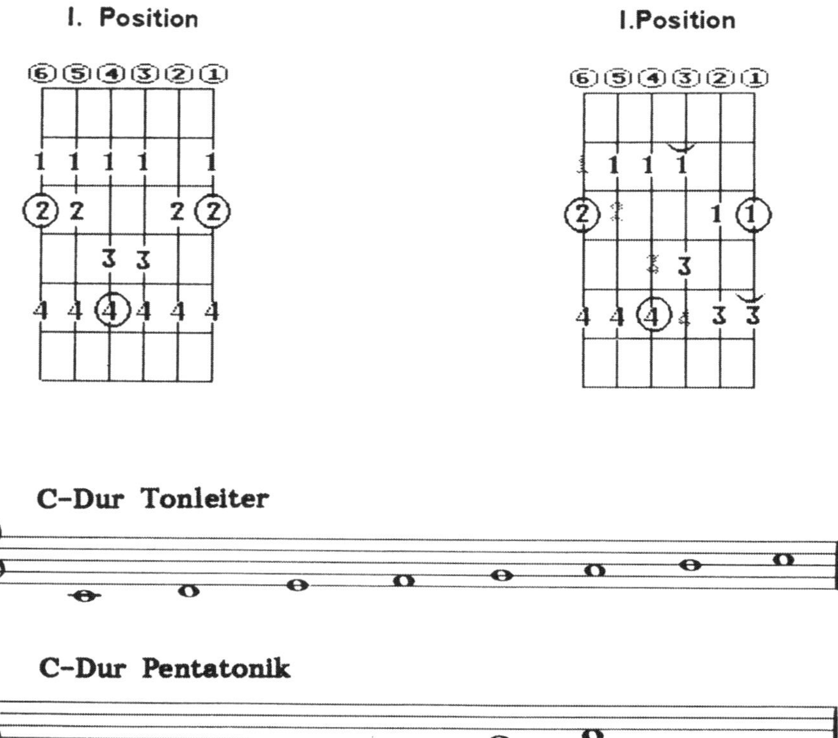


Vergleiche die I. Position der Dur-Tonleiter mit der I. der Dur-Pentatonik und übe sie. Du siehst, der 4. und 7. Ton werden bei der Dur-Pentatonik weggelassen.

# Exkurs: Bendingtechnik

Noch besser klingt die Pentatonik mit gezogenen Tönen. Diese Bending-Technik wird durch das **Ziehen** der Saiten erzeugt. Die Saiten werden meistens einen **Ganzton** ( 3 ) oder seltener einen **Halbton** hochgezogen ( 3 ).

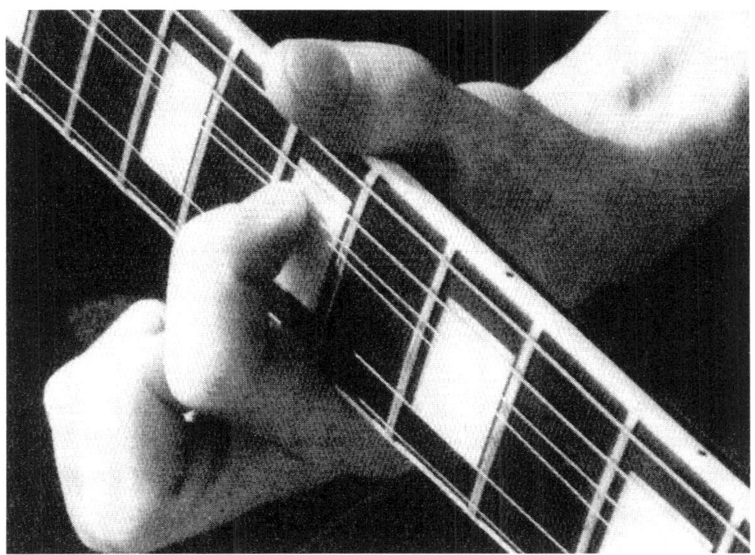

*Bending*

Achte in den Griffbildern auf diese Symbole ( ◡ = Ganzton-Bending, ⌒ = Halbton-Bending). Sie markieren die Bünde, in denen gezogen werden soll.

Im **Notensatz** und der **Tabulatur** werden solche 'bendings' durch "BU" (bend up) gekennzeichnet, wobei der Ausgangston in Klammern gesetzt wird (näheres zu den Tabulatursymbolen siehe Anhang).

Übe dir den folgenden Lick im ***Albert Lee***-Stil so ein, daß du ihn "im Schlaf" spielen kannst und vergiß ihn dann wieder. Irgendwann wirst du dann einen Lick spielen, der so ähnlich klingt, jetzt aber aus deinem "Bauch" kommt. Verfahre mit allen Licks in gleicher Weise.

Sololick 1 (im Stile von Albert Lee)

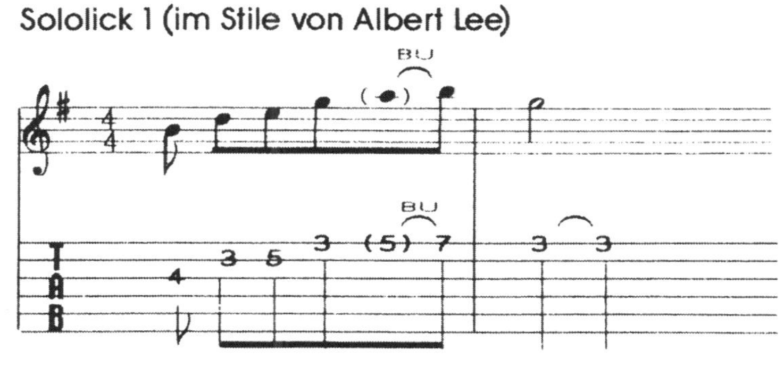


BU = Bend up

# Dur-Pentatonik, II. Position

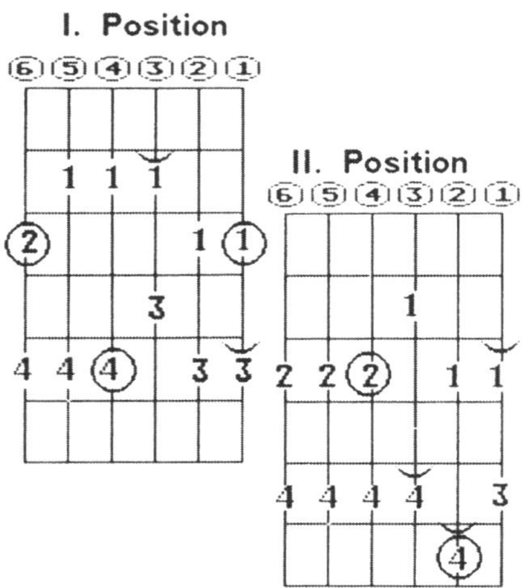


Hier die I. und II. Position der Dur-Pentatonik. Präge dir die "Zieh-Töne" gut ein und achte auf eine saubere Intonation. Du kannst in der II. Position die Töne, die mit dem 2. und 4. Finger auf den tieferen Saiten zu greifen sind, auch mit dem 1. und 3. Finger greifen. Beim Ziehen mit dem 3. Finger nimm den 1. und 2. Finger mit zu Hilfe.

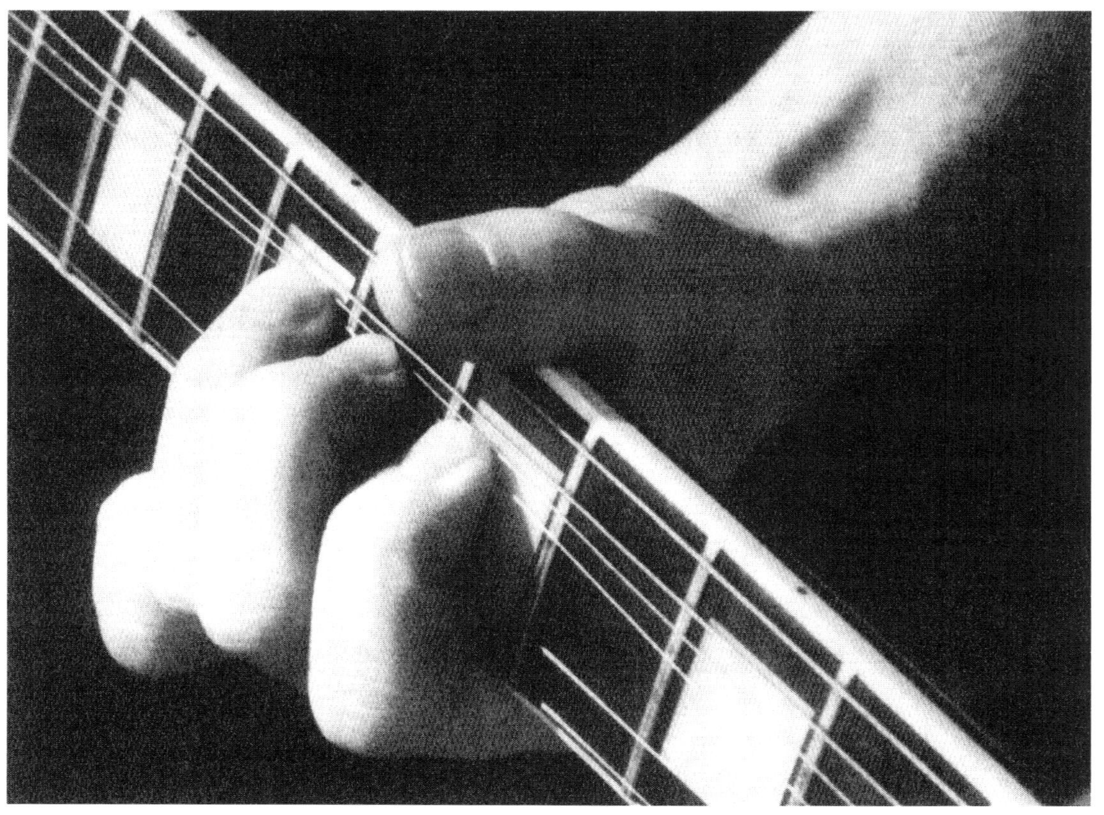

*"Nimm beim Ziehen mit dem 3. Finger den 1. und 2. Finger mit zu Hilfe."*

Sololick 2 ist ein Lick im ***Joe Satriani***-Stil – gut einprägen!

Sololick 2 (im Stile von Joe Satriani)

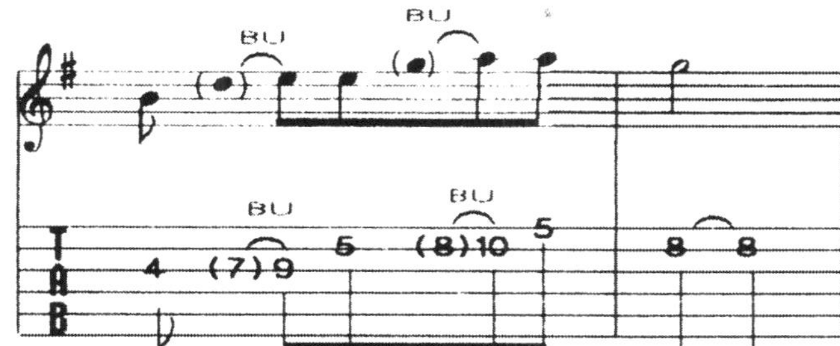


Spiele die nachstehende Akkordfolge auf Band und improvisiere darüber mit Sololick 1 und 2. Entferne dich dann immer mehr von den vorgegebenen Licks und kreiere deine eigenen Sololicks.

Akkordbeispiel 1:

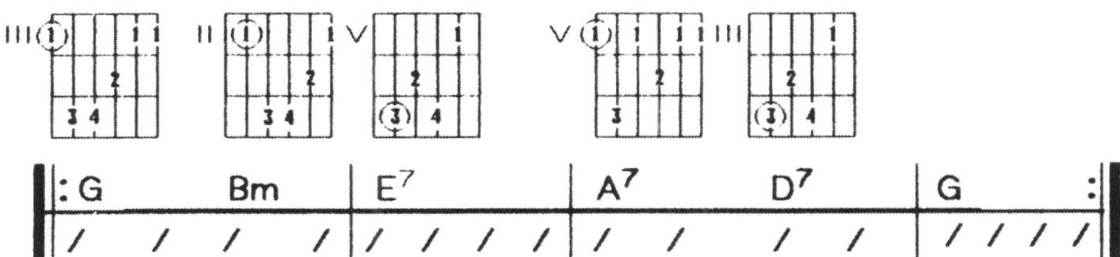


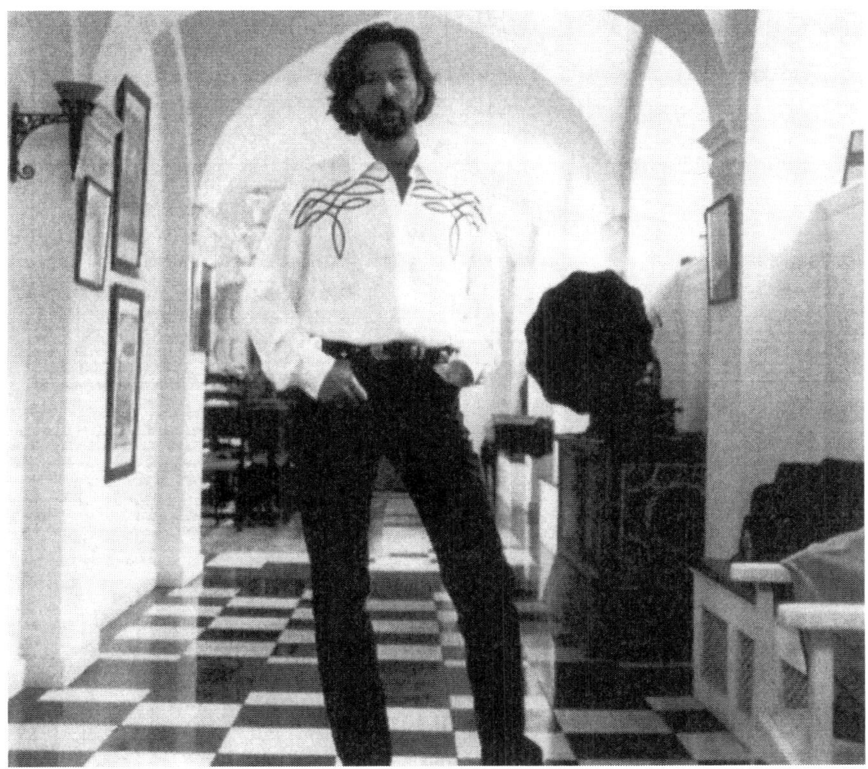

*Eric Clapton* (WEA)

# Dur-Pentatonik, III. Position

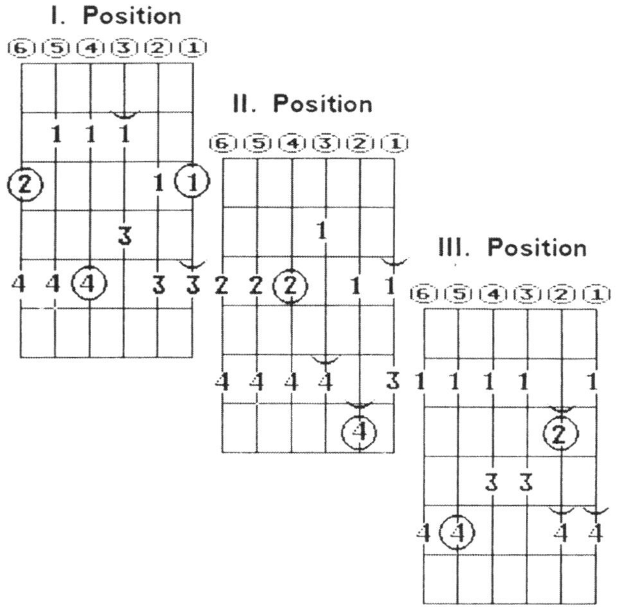


***Übungstip:***

*In der III. Position (2. Saite) kann man auch an Stelle des 2. und 4. wiederum den 1. und 4. Finger nehmen. Übe den Positionswechsel auch an anderen Stellen als angezeigt. Verwende das vorige Akkordschema (S. 17) als Improvisationsgrundlage.*

# Exkurs: Hammer On und Pull Off

Da jede Saite nur zwei Töne stellt, eignet sich das "Aufschlagen" (Hammer On / HO) und "Abziehen" (Pull Off / PO) der Töne besonders gut als Übung.

Übung 7:

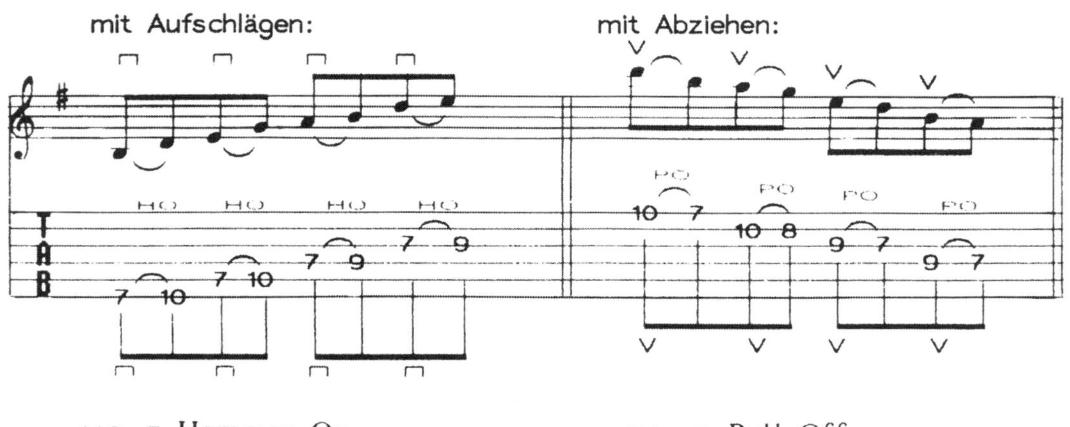


HO = Hammer On    PO = Pull Off

# Dur-Pentatonik, IV. Position

Es schließt sich nun die IV. Position an. Versuche auf der 3. Saite, wo der 4. Finger liegt, den Ton **zwei** Ganztöne (gr. Terz) hochzuziehen (vgl. auch Sololick 12).

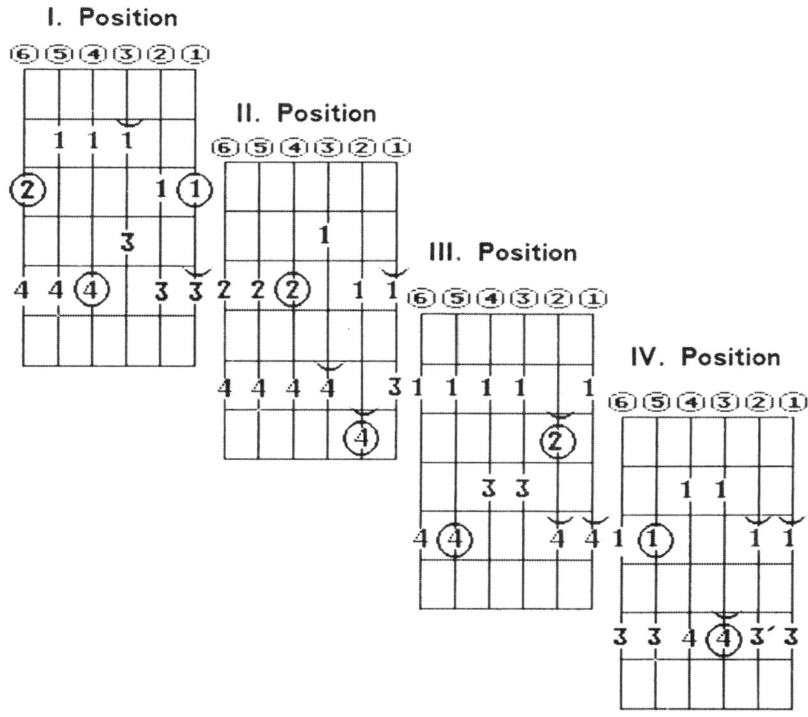


Nimm den folgenden Ausschnitt aus einer Jazz-Rock-Ballade auf Band auf und improvisiere darüber in allen 4 Positionen. Verwende auch die Sololicks 1 und 2 (vgl. S. 15/17) Denke daran, daß das Stück in **A** steht.

**Akkordbeispiel 2:**

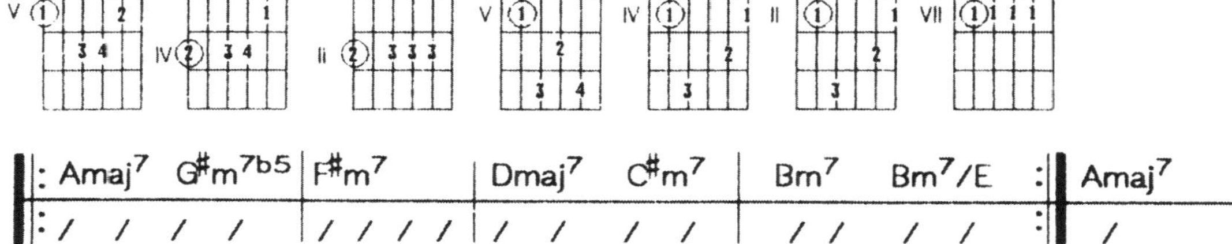

# Dur-Pentatonik, V. Position

Hier nun alle fünf Positionen auf einen Blick.

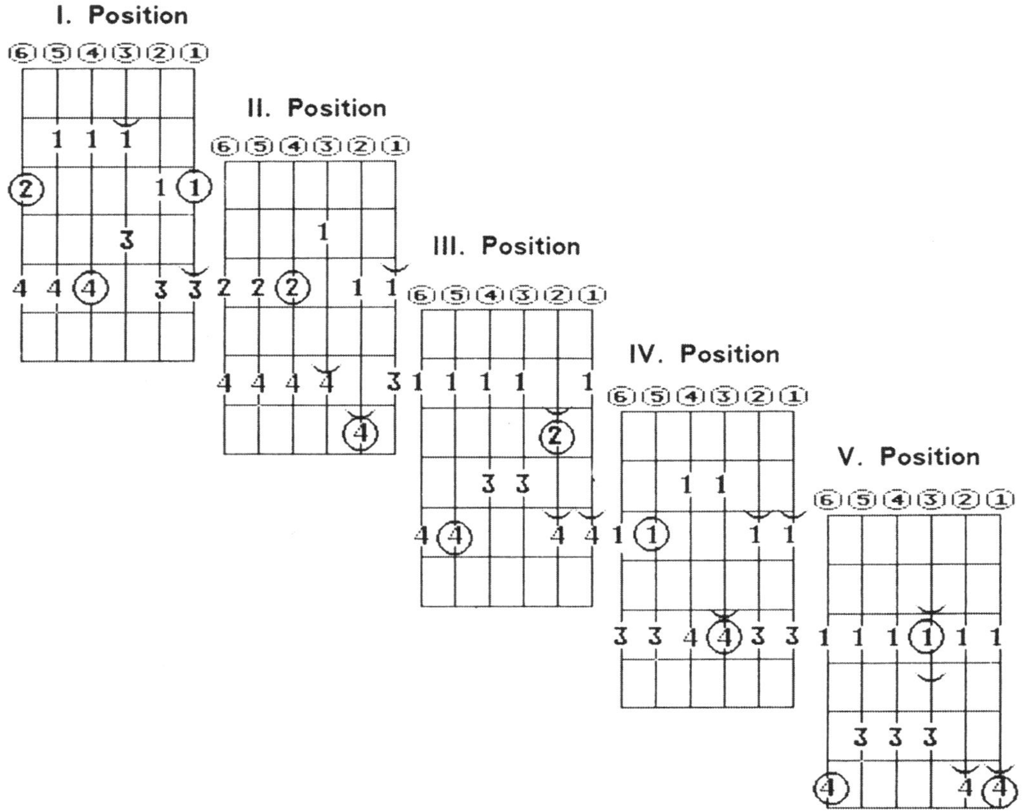


Die V. Position der Dur-Pentatonik dürfte den meisten Gitarristen als **einfache Bluestonleiter** bekannt sein, obwohl es sich bei ihrem Griffbild streng genommen um die Moll-Pentatonik (vgl. S. 24) handelt, bei der der Grundton an anderer Stelle liegt.

Übe die fünf Positionen auch in *anderen Tonarten* und fange z. B. mit der V. Position an, gehe dann aufwärts zur I., wieder zur V., dann abwärts in die IV. Position usw..

***Übungstip:***
*Grundsätzlich lassen sich die meisten hier aufgezeigten Übungen auch als Sololicks verwenden. So auch die folgende, bei der beide Anschlagsarten zu beachten sind.*

Übung 8:

1.) ⊓ V ⊓ V ⊓ V ⊓ V ⊓ V ⊓ V ⊓ V ⊓ V ⊓ V ⊓

2.) V V ⊓ ⊓ V V ⊓ ⊓ V V ⊓ ⊓ V V ⊓ ⊓ V V ⊓

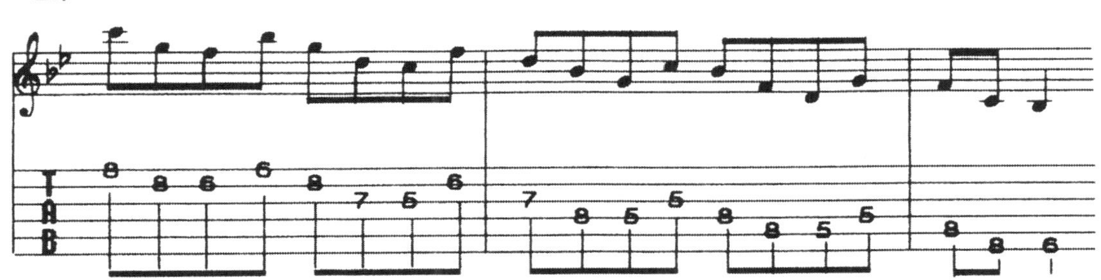

Hier ein Lick im ***Larry Carlton*** - Stil für die 3. Position. – **ACHTUNG!** Bei den letzten beiden Tönen des Licks mußt du mit dem 3. und 4. Finger spielen (siehe unten).

Sololick 3 (im Stile von Larry Carlton)

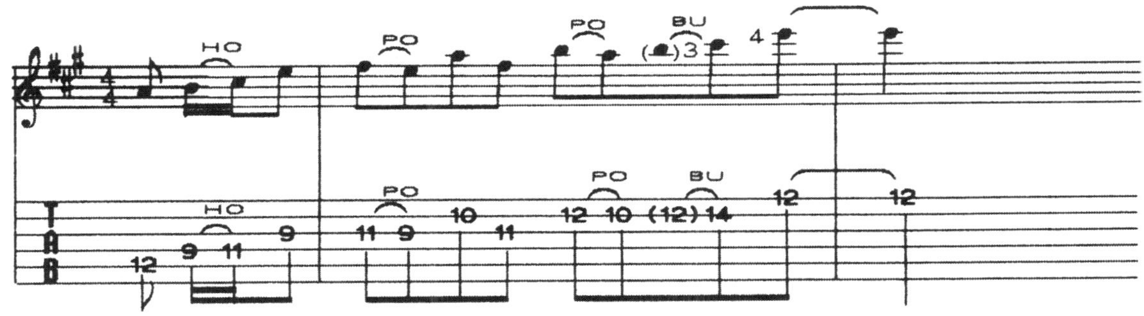


Der nächste Lick für die 4. Position ist aus der ***John Scofield*** - Ecke. Achte auf die Plektrumbewegungen. **Sweeping**, nicht Wechselschlag ist hier angesagt.

Sololick 4 (im Stile von John Scofield)

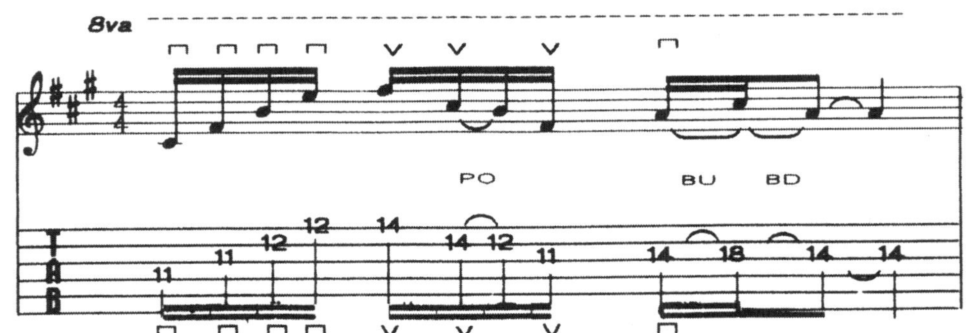

# Dur-Pentatonik mit Durchgangstönen

Noch einmal die fünf Positionen der Dur-Pentatonik, jetzt allerdings mit **chromatischen Durchgangstönen.**

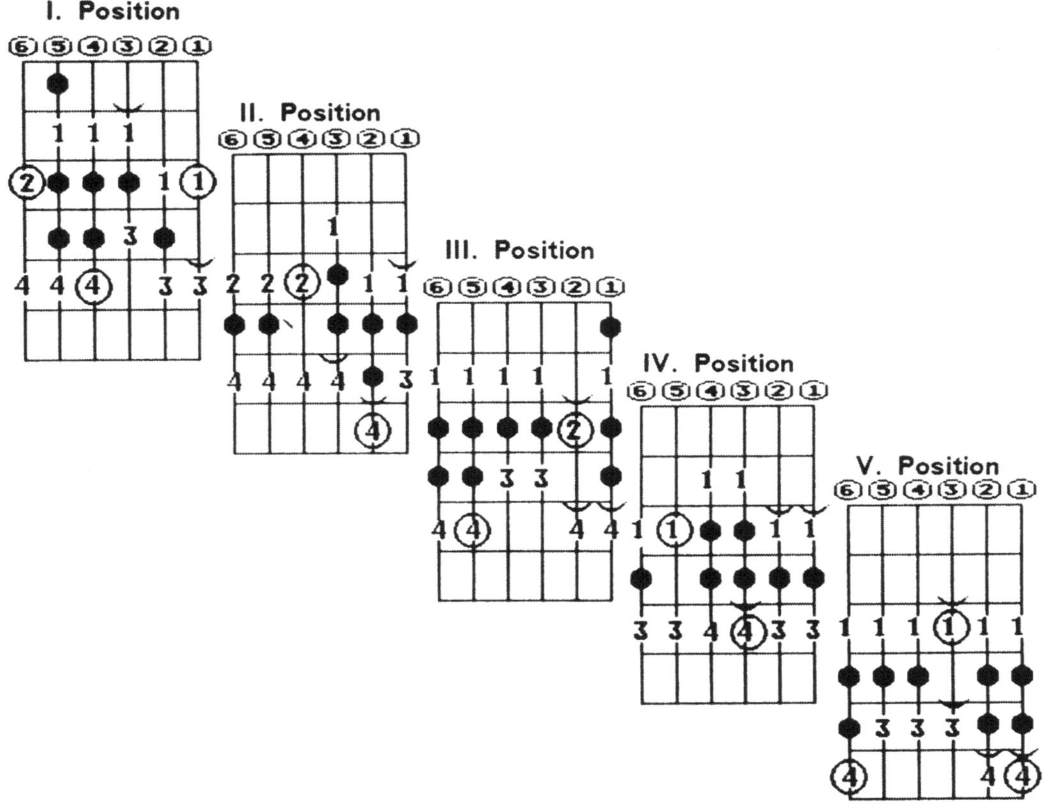


Fasse die mit dem Fingersatz versehenen Töne als "**Ecktöne**" auf und verwende die durch Punkte angezeigten Töne ( ● ) als **Verbindungstöne**.

Du kannst auch mit einem Durchgangston ( ● ) anfangen, der unmittelbar unter einem der Ecktöne liegt, und schreitest dann einen Halbton aufwärts zu einem der bezifferten Töne. Diese chromatischen Durchgänge werden viel im Jazz und im Country-Rock verwendet.

Spiele die folgenden Country-Rock-Changes auf Band und improvisiere in **C** .

**Akkordbeispiel 3:**

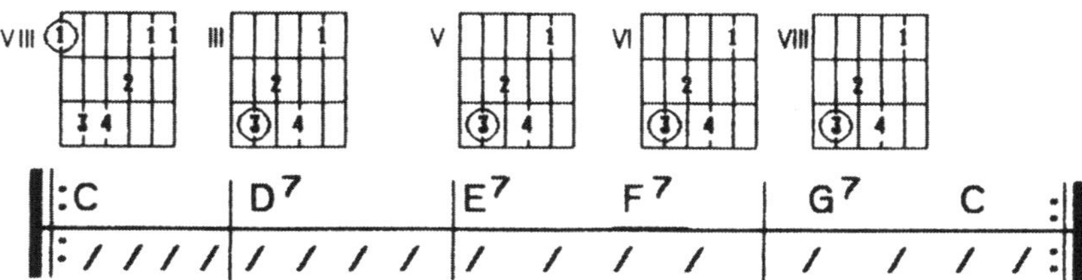

Verwende den folgenden Sololick im Stile von ***Steve Morse*** (V. Position) über dem ersten Takt von Akkordbeispiel 3.

Sololick 5 (im Stile von Steve Morse)

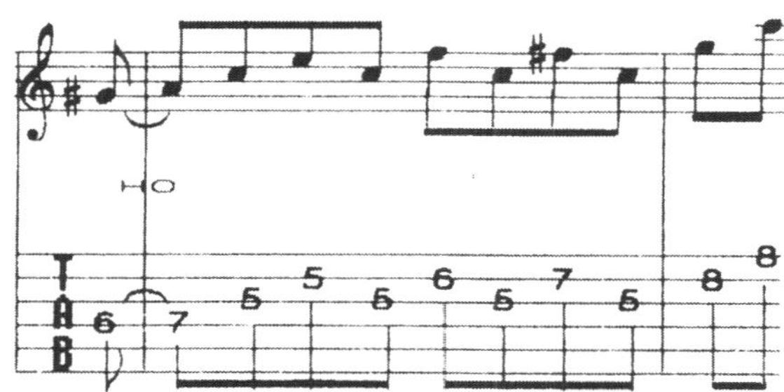

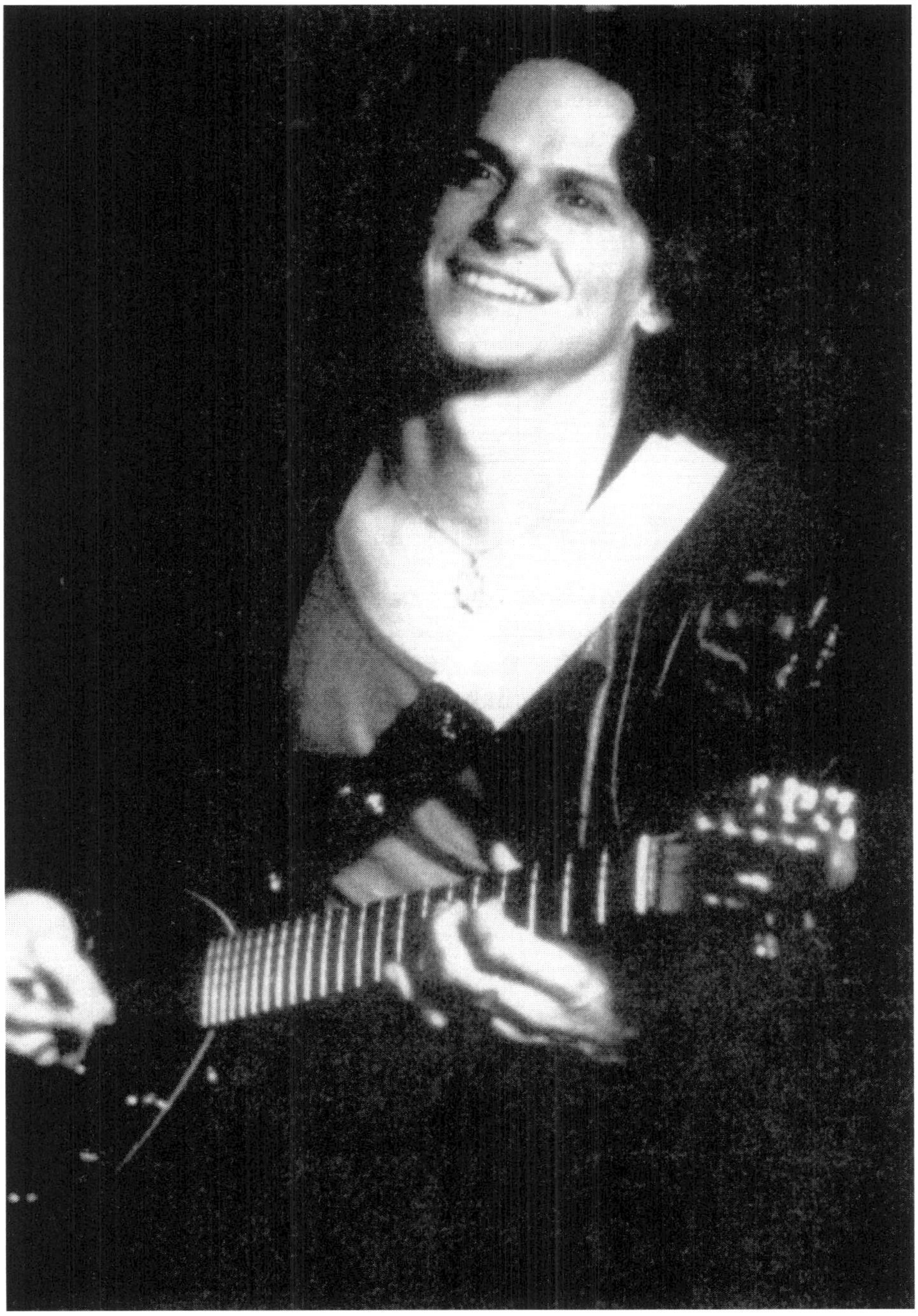

*Steve Morse* (Teldec)

# Moll-Pentatonik und Blues-Tonleiter

## Moll-Pentatonik, I. Position

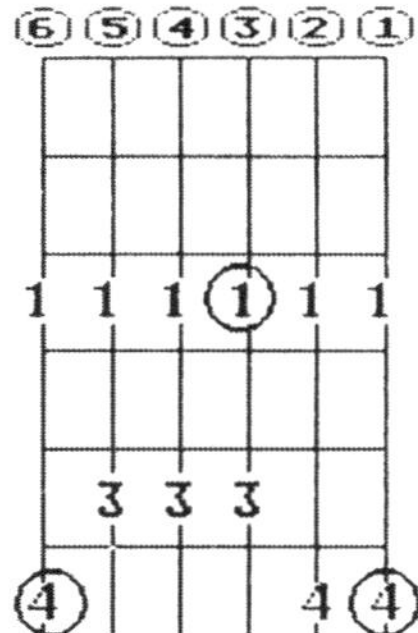


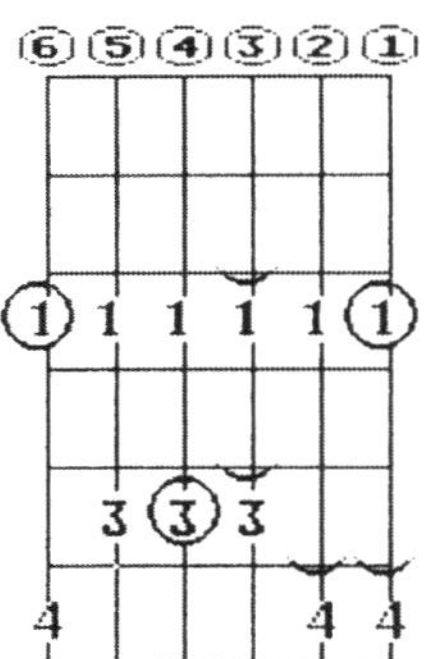


Betrachten wir die V. Position der Dur-Pentatonik als I. Position, so erhalten wir die **Moll-Pentatonik**, die häufig irrtümlich als **einfache Bluestonleiter** bezeichnet wird. Das kommt vermutlich daher, daß die Moll-Pentatonik vielfach als Soloskala im Blues verwendet wird. Zur **eigentlichen Bluestonleiter** fehlt der Moll-Pentatonik jedoch ein entscheidender Ton (vgl. S. 26).

# Die fünf Positionen der Moll-Pentatonik

Hier alle 5 Positionen auf einen Blick:

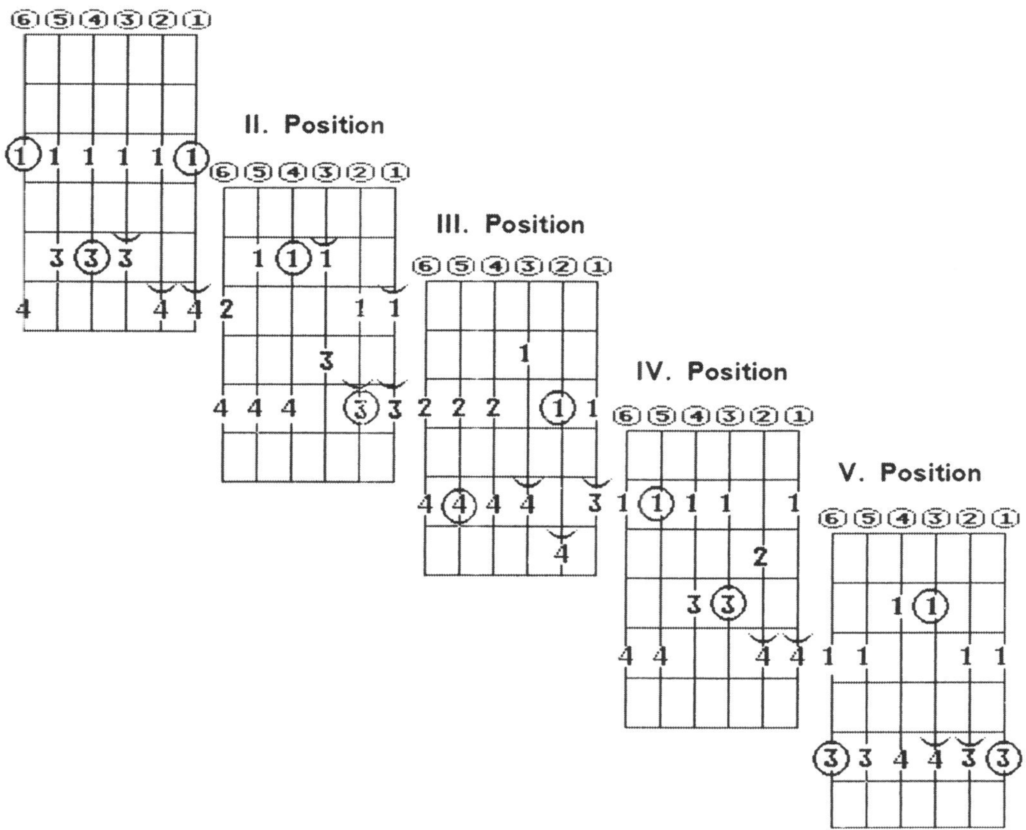


Wie du sicherlich schon bemerkt hast, sind die Griffbilder mit denen der Dur-Pentatonik identisch. Nur, daß nun die fünfte Position der Dur-Pentatonik zur ersten Position der Moll-Pentatonik aufgerückt ist und damit auch alle anderen um eine Position verschoben sind.

***Übungstip:***
*Oftmals wird über die **Tonika** (T) **die Dur-Pentatonik** gespielt, während über die **Subdominante** (S) und **Dominante** (D) die **Moll-Pentatonik** zur Anwendung kommt.*

Spiele folgende Akkordfolge auf Band und improvisiere. Beachte die angegebenen Griffweisen. Es handelt sich hier um die sogenannten Power-Chords, für die das Fehlen der Terz typisch ist. Bei verzerrtem Sound würde die Terz als störend empfunden werden.

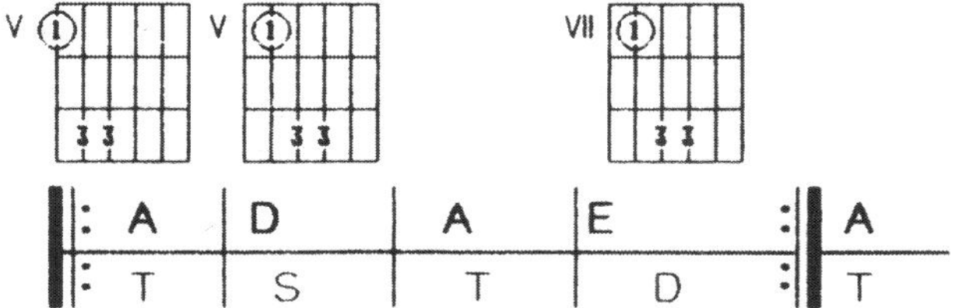

# Die fünf Positionen der Blues-Tonleiter

**I. Position**

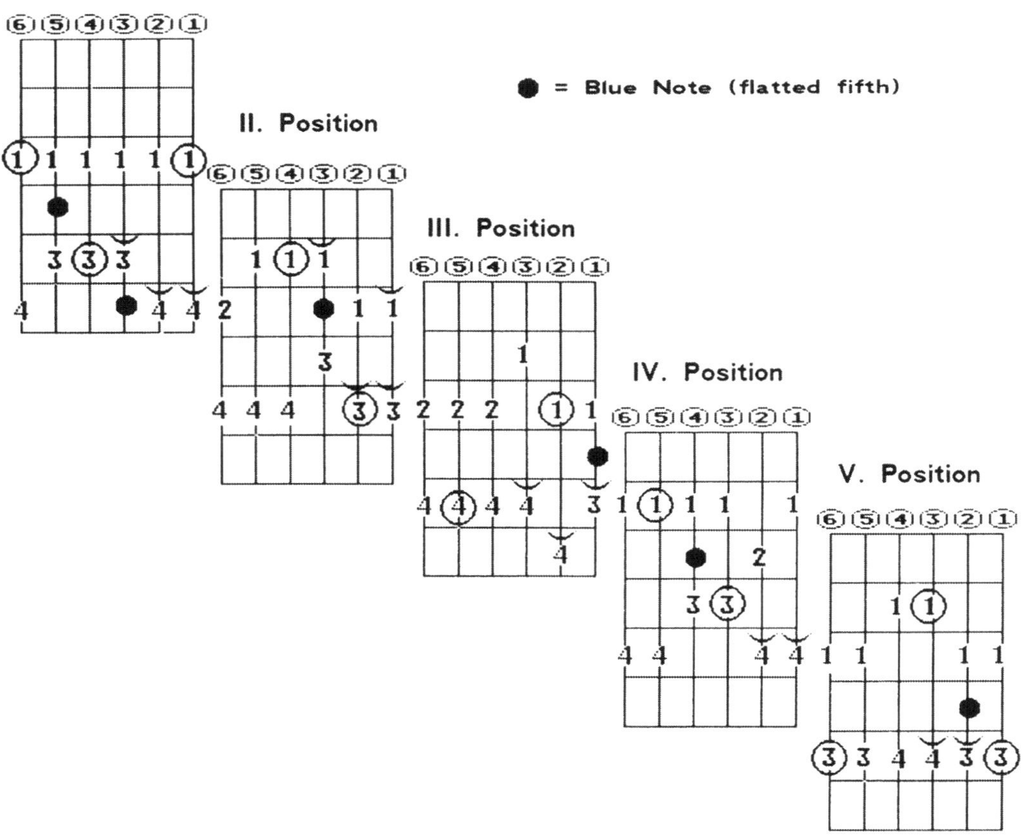


Aus der Moll-Pentatonik wird duch Hinzufügung eines Tones die **Bluestonleiter**. Dieser hinzugefügte Ton ist die Blue-Note "flatted fifth", also die verminderte Quinte. Sie wird entweder als Durchgangston zwischen Quarte und Quinte verwendet (a), oder als chromatischer Nebenton zur Quinte (b), bzw. zur Quarte (c) hin. Schau dir die beiden Licks im ***Gary Moore***-Stil an.

Sololick 6 (im Stile von Gary Moore)

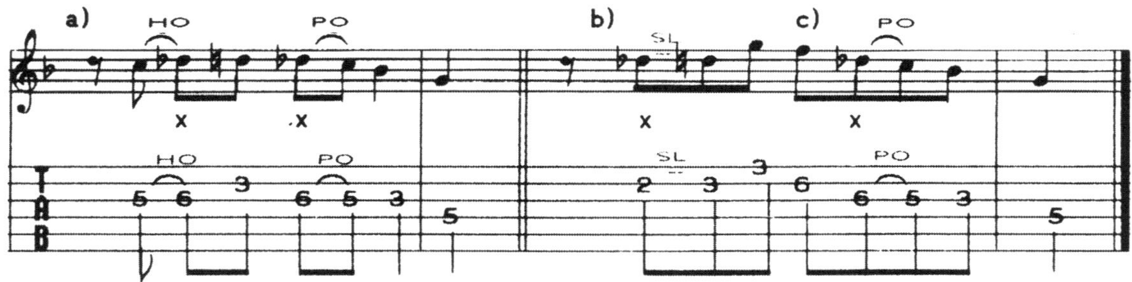


**x = flatted fifth**

# Die fünf Positionen der erweiterten Blues-Tonleiter

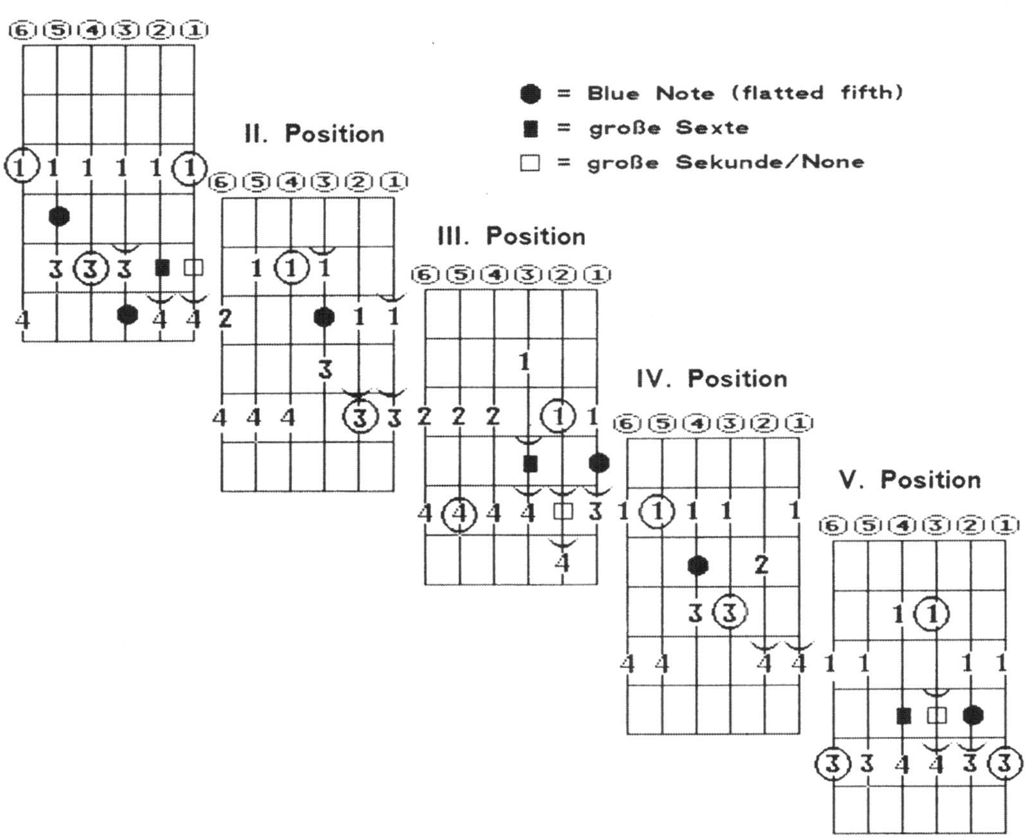


In der I. und III. Position finden häufig zwei zusätzliche Töne (die große Sexte und die große Sekunde) Verwendung (siehe Sololick 10). Die große Sekunde finden wir auch in der V. Position wieder (vgl. mit Sololick 12 ).

Bluesgitarristen wie *Eric Clapton, B. B. King, Buddy Guy* usw. spielen meistens nur in der I. Position über alle sechs Saiten, während sie bei den restlichen Positionen häufig nur die Saiten 1, 2 und 3 verwenden. Hierzu ein kurzes Beispiel im Stile von ***Robben Ford.***

### Sololick 7 (im Stile von Robben Ford)

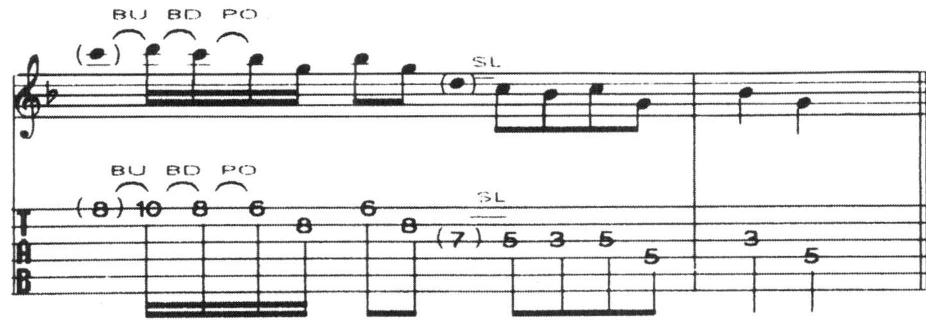


Bis zum Slide-Zeichen (**SL**) ist der Lick in der II. Position und wechselt dann mit Hilfe des Slides in die I. Position.

Es folgen fünf Blueslicks im ***Eric Clapton***-Stil, die durch alle Positionen der **A**-Bluestonleiter gehen.

Sololick 8 (I. Position)

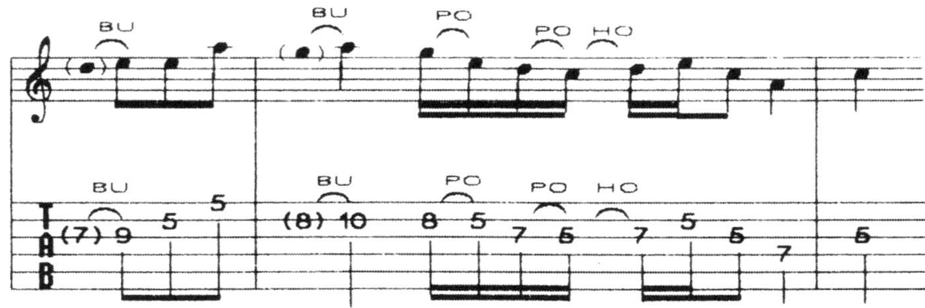


Sololick 9 (II. Position)

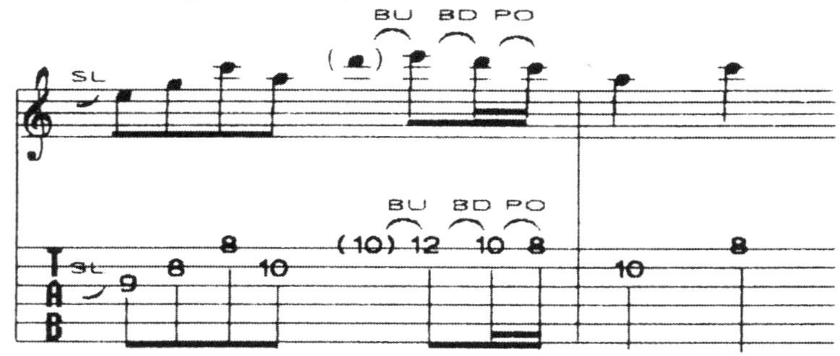


Sololick 10 (III. Position)

*8va-----------------------------------------------

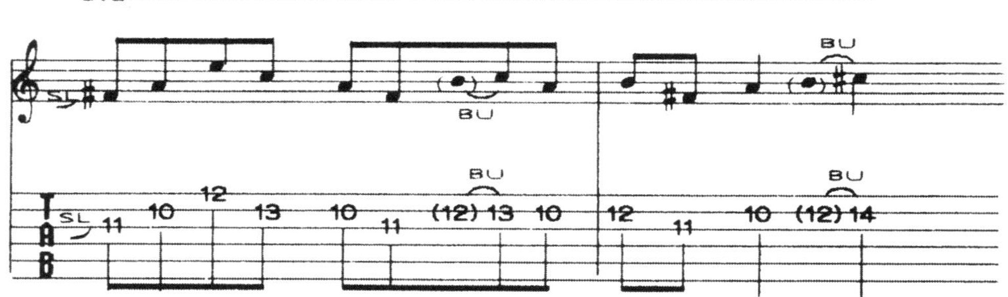


Sololick 11 (IV. Position)

*8va--------------

Sololick 12 (V. Position)

*8va---------------------------------

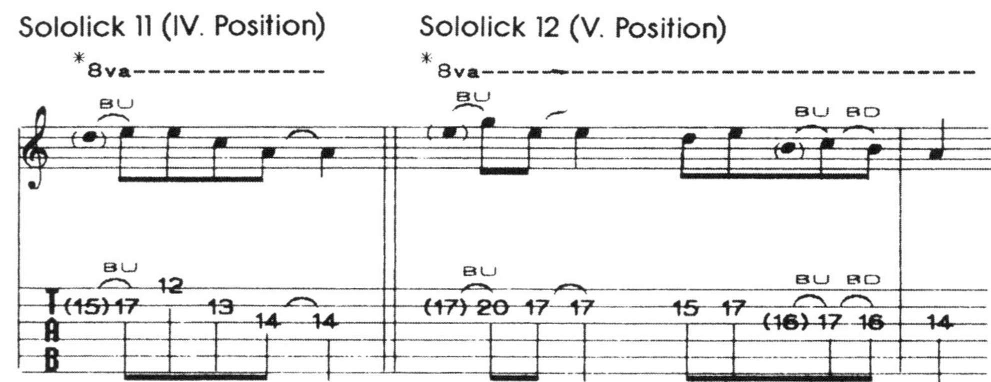


*8va----------- = klingt eine Oktave höher als notiert

# Dur- und Moll-Pentatonik im Vergleich

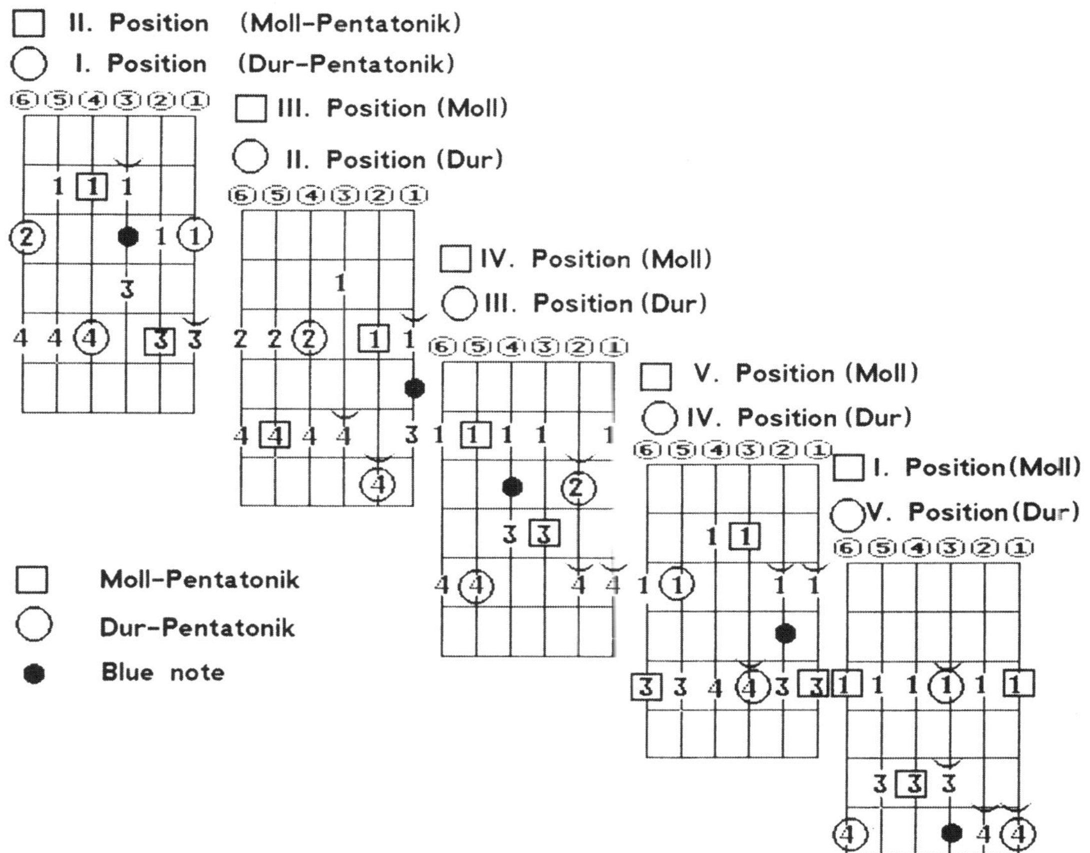


Oben siehst du noch einmal die Dur-( ○ ) und Moll-Pentatonik ( □ ) im Vergleich. Die Griffbilder und die Ziehtöne sind identisch und auch die 'blue note' kann in *beiden* Pentatoniken verwendet werden, weshalb auch die Licks austauschbar sind. Das heißt, Licks der Moll-Pentatonik, bzw. der Bluestonleiter gelten auch für die Dur-Pentatonik und umgekehrt. Unten siehst du einen Sololick im ***Robert Cray***-Stil in der I. Position der A-Moll-Pentatonik.

Sololick 13 (im Stile von Robert Cray)

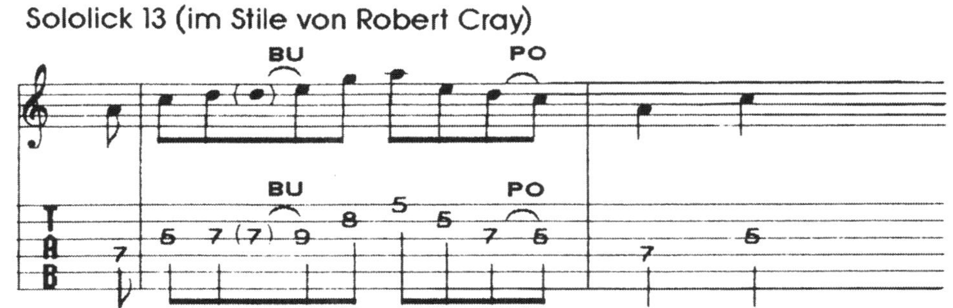

Da die A-Moll-Pentatonik die gleichen Töne wie die C-Dur-Pentatonik hat, kann dieser Moll-Sololick auch über die unten stehende Akkordfolge in C gespielt werden. Probiere es aus!

Akkordbeispiel 5:

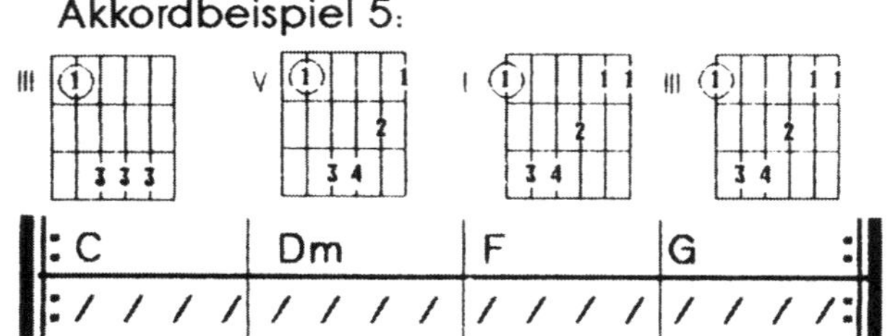


Als Anwendungs- und Übungsbeispiel für die Dur- und Moll-Pentatonik dient der nachstehende "Pentatonic-Blues". Laß einen befreundeten Gitarristen die Akkorde spielen und improvisiere darüber: erst in der I. Position, dann in der II., dann I. und II. Position zusammen usw.; gehe alle Positionen durch und spiele den Blues auch in anderen Tonarten (z.B. in C).

# Pentatonic Blues

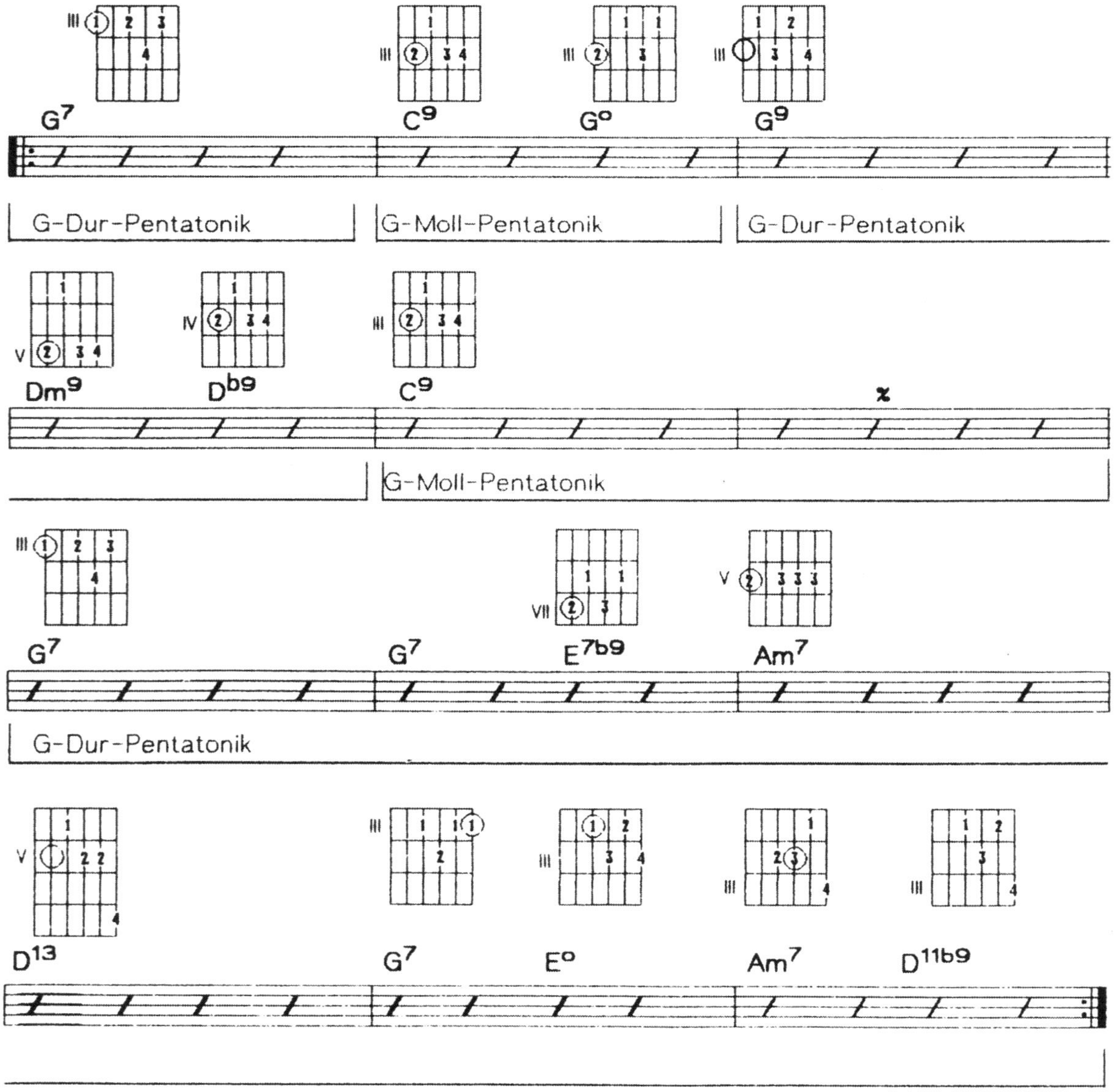

$G^7$ | $C^9$ $G^o$ | $G^9$

G-Dur-Pentatonik | G-Moll-Pentatonik | G-Dur-Pentatonik

$Dm^9$ $D^{b9}$ | $C^9$ | 𝄎

G-Moll-Pentatonik

$G^7$ | $G^7$ $E^{7b9}$ | $Am^7$

G-Dur-Pentatonik

$D^{13}$ | $G^7$ $E^o$ | $Am^7$ $D^{11b9}$

# Kleine Improvisationsanleitung

Angenommen, vor dir liegt ein Blatt Papier, das ein Musikerkollege dir gereicht hat, vollgeschrieben mit Akkorden seines neuen Stückes. Du sollst über den Mittelteil ein Gitarrensolo spielen."*Spiel ich nun die Dur- oder die Moll-Pentatonik dazu?*", wirst du dich fragen.

Dazu ein paar wichtige Tips!

# Dur-Pentatonik über Dur-Tonarten

Zuerst mußt du die Grundtonart bestimmen. Man könnte vermuten, der Grundakkord ist der am häufigsten erscheinende Akkord , oder aber — der Akkord , der den Anfang und den Schluß eines Stückes bildet (vorausgesetzt es handelt sich um den gleichen Akkord). Beides ist nur halbrichtig, da eine Grundtonart sich erst dann richtig bemerkbar macht, wenn zwei weitere Akkorde, die in einem ganz bestimmten Verhältnis zu dem Grundakkord stehen, vorhanden sind. Diese beiden Akkorde stehen beide im Quintabstand (fünf Töne) zu dem Grundakkord (Tonika). Der eine *unterhalb* (in der Grafik links) und der andere *oberhalb* (rechts) der Tonika.

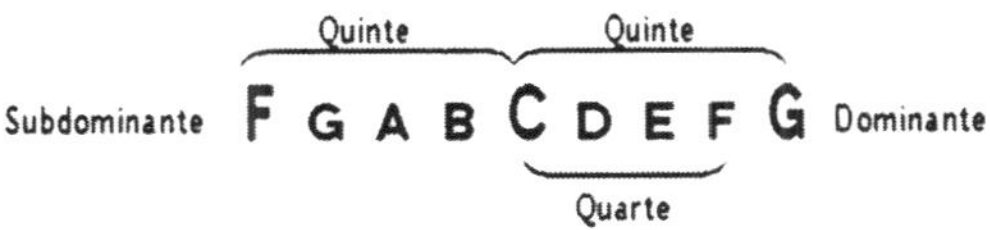


Ist die Tonika z. B. ein C-Akkord, so kommen als "Quintnachbarn" der F- und der G-Akkord in Frage. Der Akkord, der eine Quinte über der Tonika liegt (G), wird "Dominante" genannt und der, der eine Quinte tiefer liegt "Subdominante"(F). Beide Akkorde liegen immer nebeneinander. Die *Subdominante* eine *Quarte* (vier Töne) **über** der Tonika und die *Dominante* eine *Quinte* (fünf Töne) **über** der Tonika. Oder im Schaubild von links betrachtet: Die *Subdominante* eine *Quinte* (fünf Töne) **unter** der Tonika und die *Dominante* eine Quarte (vier Töne) **unter** der Tonika. Die Töne, aus denen sich diese drei Akkorde zusammensetzen, ergänzen sich zur kompletten Dur-Tonleiter. Das unterstreicht das enge Verhältnis von Tonika-, Subdominant- und Dominantakkorden.

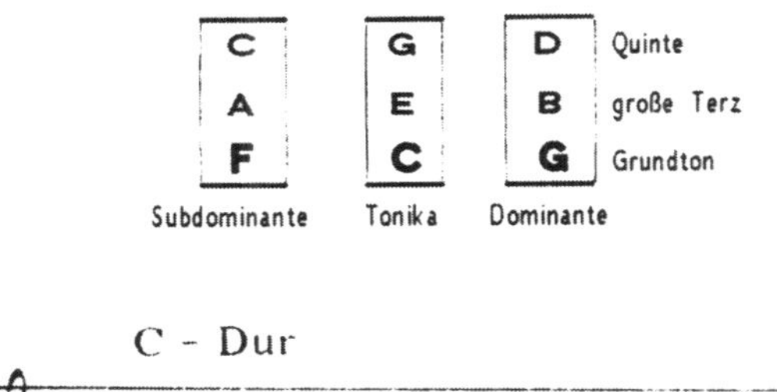


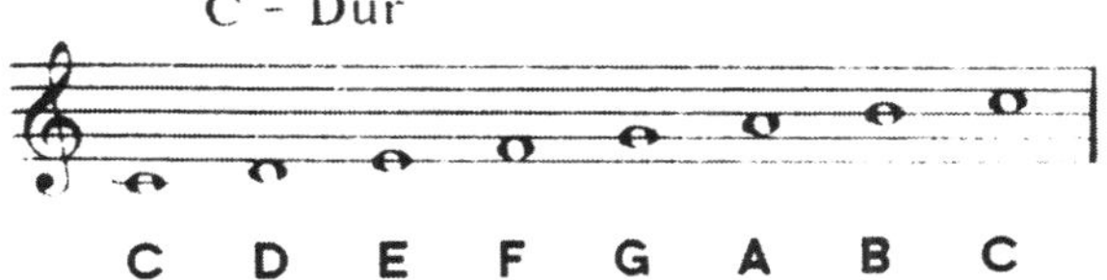

So, jetzt sind wir schon etwas schlauer. Aber Halt!. Wie finde ich die Grundtöne der Tonika, Subdominante und Dominante auf dem Griffbrett? Kein Problem, denn alle Intervallverhältnisse haben immer das gleiche Bild.

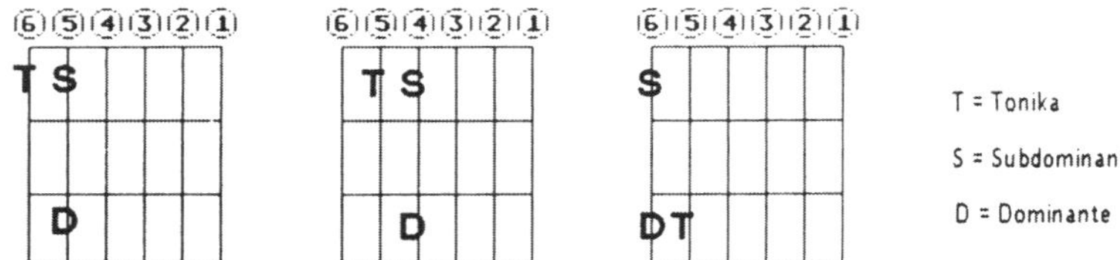


Das **T** steht für den Grundton des *Tonika-Akkords*, das **S** für den der *Subdominante* und das **D** für den Grundton des *Dominant-Akkords*. Alle drei Akkorde zusammen nennt man die "Hauptakkorde".

Unabhängig von der Reihenfolge der Akkorde ist die *Tonika grundtonbestimmend.*

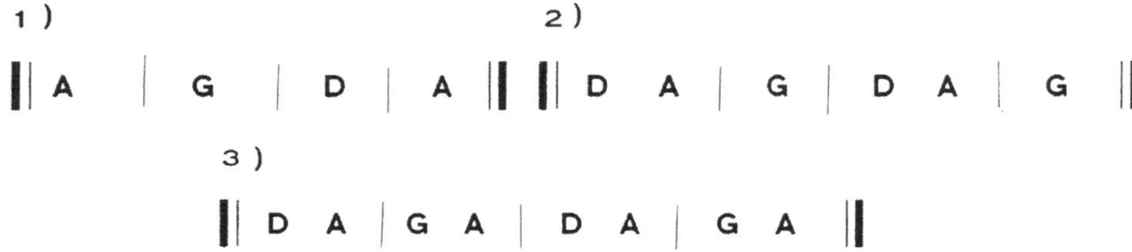


Spiele die Beispiele durch und du wirst feststellen, daß sich in allen drei Beispielen **D** als Tonika durchsetzen wird. Das bedeutet, daß die **D-Dur-Pentatonik** hier am besten klingt.

# Moll-Pentatonik über Moll-Tonarten

Und wann spiele ich die Moll-Pentatonik? – Wenn du das gleiche in Mollakkorden vor dir hast.

1) ‖ Am Dm | Em ‖

2) ‖ Dm Em | Am Dm ‖

In diesen beiden Beispielen wird sich Am als Tonika erweisen und somit die **A-Moll-Pentatonik** in Frage kommen.

Schauen wir uns noch die Töne der Tonika (Am), der Subdominante (Dm) und der Dominante (Em) an:

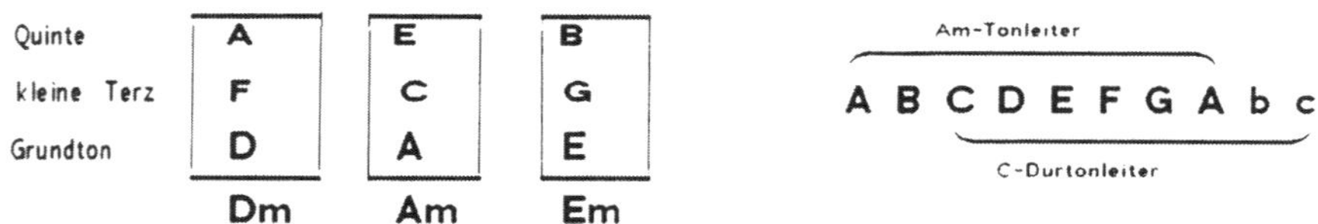


Du siehst, die gleichen Töne wie in der C-Dur-Tonleiter, allerdings mit dem Grundton **A**. Das bedeutet, daß in C-Dur auch die Akkorde Am, Dm und Em und umgekehrt in A-Moll auch die Akkorde C, F und G vorkommen können, da ihr Tonmaterial ein und derselben Tonleiter entstammt.

# Die Akkordleitern in Dur und Moll

Schreiben wir diese sechs Akkorde der C-Dur-Tonleiter entsprechend hintereinander auf, so erhalten wir die "Akkordleiter" in C-Dur.

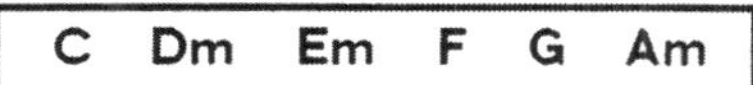


Auf A angefangen erhalten wir die Am-Akkordleiter.

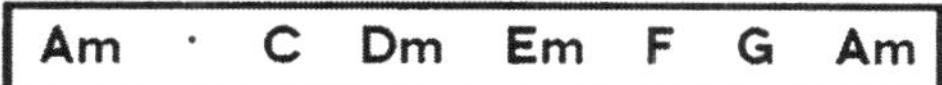


Halt! wirst du wieder rufen, was ist mit dem B, das kommt doch auch in der C-Dur-Tonleiter vor und ist auch als Akkordton in G und Em enthalten. Richtig! Der Akkord auf B ist ein Außenseiter unter den bisherigen Akkorden, denn er ist weder Tonika, noch Subdominante, noch Dominante. Außerdem hat er keine reine Quinte, d. h. die Quinte ist um einen halben Ton kleiner als üblich. Denn während die reine Quinte aus 3 $^{1}/_{2}$ Ganztonschritten ( C (1) D (1) E ($^{1}/_{2}$) F (1) G ) besteht, besteht die zu kleine Quinte (Fachbegriff verminderte Quinte) aus nur 3 Ganztonschritten, bzw. 2 Ganztonschritten und 2 Halbtonschritten ( B ($^{1}/_{2}$) C (1) D (1) E ($^{1}/_{2}$) F ). Diesen Akkord auf B nennt man deshalb auch einen **"verminderten Akkord"** und er wird durch einen kleinen Kreis rechts oben am **Akkordbuchstaben gekennzeichnet** ( z. B.: $B^{o}$ ).

Die vollständige Akkordleiter auf **C** sieht nun so aus:

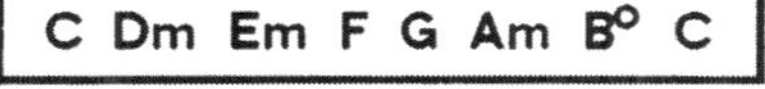


und die auf A so:

| Am B° C Dm Em F G Am |
|---|

Den 1., 4. und 5. Akkord (Tonika, Subdominante und Dominante) einer Akkordleiter nannten wir ja "Hauptstufen", deshalb wollen wir die restlichen Akkorde "Nebenstufen" nennen. Somit ist der Akkord 'G' in der Grundtonart A-Moll Nebenstufe und in C-Dur eine Hauptstufe.

Über alle Haupt- und Nebenstufen, einschließlich dem $B^{o}$, kannst du in der **C-Dur- oder in der A-Moll-Pentatonik** improvisieren, wiederum unabhängig von der Reihenfolge ihres Auftretens.

# Die Pentatonik Tabelle

Die folgende Tabelle soll dir beim Finden der richtigen Pentatonik Hilfe leisten.

| | | | | | | | |
|---|---|---|---|---|---|---|---|
| Moll-Pentatonik | III | VI | VII | I | IV | V | II |
| Dur-Pentatonik | I | IV | V | VI | II | III | VII |
| | C | F | G | Am | Dm | Em | B° |
| | D♭ | G♭ | A♭ | B♭m | E♭m | Fm | C° |
| | D | G | A | Bm | Em | F♯m | C♯° |
| | E♭ | A♭ | B♭ | Cm | Fm | Gm | D° |
| | E | A | B | C♯m | F♯m | G♯m | D♯° |
| | F | B♭ | C | Dm | Gm | Am | E° |
| | F♯ | B | C♯ | D♯m | G♯m | A♯m | E♯° |
| | G | C | D | Em | Am | Bm | F♯° |
| | A♭ | D♭ | E♭ | Fm | B♭m | Cm | G° |
| | A | D | E | F♯m | Bm | C♯m | G♯° |
| | B♭ | E♭ | F | Gm | Cm | Dm | A° |
| | B | E | F♯ | G♯m | C♯m | D♯m | A♯° |

Ganz oben siehst du Akkordstufenbezeichnungen für die Moll-Pentatonik und darunter die der Dur-Pentatonik, wobei die römischen Ziffern anzeigen, an welcher Stelle in der Akkordleiter dieser oder jener Akkord steht (eine IV bezeichnet demnach den 4. Akkord einer Akkordleiter). In der Dur-Pentatonik sind die Dur-Akkorde die Hauptstufen (I, IV, V.) und die Moll-Akkorde die Nebenstufen. In der Moll-Pentatonik werden die Nebenstufen (III, VI, VII.) zu Hauptstufen und die Hauptstufen der Moll-Pentatonik werden in der Dur-Pentatonik zu Nebenstufen. Mit der Pentatonik-Tabelle kannst du nun sofort die Akkordstufen zu jeder Pentatonik zuordnen. Der Grundton der Dur-Pentatonik liegt immer in der linken Spalte (vgl. Stufe I "Dur-Pentatonik"), während der Grundton der Moll-Pentatonik immer rechts von der ersten Punktlinie (vgl. Stufe I "Moll-Pentatonik") zu finden ist.

Schauen wir uns einmal die auf Dreiklänge reduzierte Akkordfolge von Seite 19 an.

|| A G♯° | F♯m | D C♯m | Bm ||
I VII VI IV III II

Wenn du die Akkordfolge mit der Pentatonik-Tabelle vergleichst, wirst du feststellen, daß wir es hier mit Akkorden aus der A-Dur-Akkordleiter zu tun haben, auch wenn die Dominante E fehlt. Denn nur A-Dur hat die drei Nebenstufen F♯m, Bm und C♯m.

# Moll über Dur? Das Phänomen des Blues

Es ist aber auch möglich, über die *Hauptakkorde einer Dur-Tonart die Moll-Pentatonik* zu verwenden, wie du es vielleicht vom Blues her kennst. Dabei reiben einige Intervalle aneinander und erzeugen die typische Farbigkeit des Blues.

Vergegenwärtigen wir uns noch einmal die Töne der drei Hauptstufen in C-Dur:

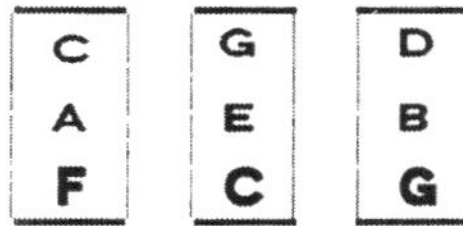


und nun die Töne der Moll-Pentatonik in C:

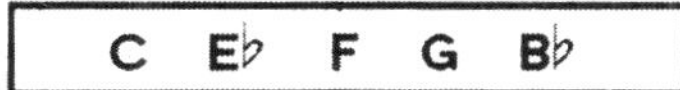


Du siehst, wie der Ton E♭ mit dem E, dem dritten Ton (der großen Terz) des C-Durakkords genauso wie das B♭ mit dem B des G-Durakkords (ebenfalls die große Terz) kollidiert. Dieses Miteinander von großer und kleiner Terz ( E♭ ist die kleine Terz von C) erzeugt die bluestypischen Reibungen. Und dadurch, daß sich das E♭ zum F-Dur-Akkord und das B♭ zum C-Dur-Akkord wie eine kleine Septime verhalten, wird es möglich, die Hauptakkorde als Septakkorde zu spielen, was ja typisch ist für die Bluesbegleitung.

Bluesschema:

|| $C^7$ | $F^7$ | $C^7$ | ./. | $F^7$ | ./. | $C^7$ | ./. | $G^7$ | $F^7$ | $C^7$ | $G^7$ ||

Das gleiche Prinzip gilt auch für die Dur-Akkordleiter und ihre Dur-Pentatonik. Indem die *Nebenstufen* ebenfalls *als Dur- oder Septakkorde* auftreten können, entstehen im Zusammenspiel mit der Dur-Pentatonik auch hier die bluestypischen Reibungen. Zunächst eine solche Akkordleiter mit den zu den Akkorden gehörenden Tönen:

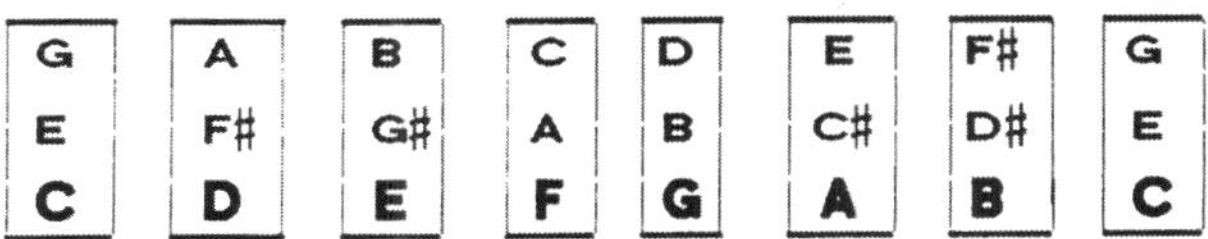


Wohlgemerkt, das ist eine Akkordleiter, keine Tonleiter.

Die Töne der Dur-Pentatonik sind:

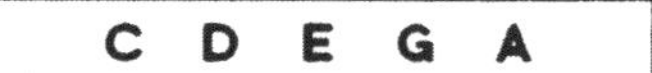


Vergleichst du die Töne der Akkorde mit denen der Dur-Pentatonik, so siehst du auch hier das Miteinander von chromatischen (C♯, G♯, D♯) und diatonischen Tönen (C, G, D), welche zusammen den bluesigen Effekt ergeben.

Auf Seite 22 hatten wir einen solchen Akkordablauf, er lautete:

‖ C | $D^7$ | $E^7$ $F^7$ | $G^7$ C ‖

I II III IV V I

Fassen wir noch einmal kurz zusammen. Über die drei Hauptstufen der Durtonart kannst du in der Dur-Pentatonik, und mit bluesigem Effekt in der Moll-Pentatonik improvisieren. Tauchen aber die Nebenstufen als Moll- oder Durakkorde auf, so kannst du nur die Dur-Pentatonik verwenden.

# Die Moll-Pentatonik-Akkordleiter

Wenn du über die Hauptstufen der Durtonart (bleiben wir bei C) auch die Moll-Pentatonik spielen kannst, muß es möglich sein, die Nebenakkorde der C-Moll-Akkordleiter in die Dur-Hauptstufen, quasi als neue Nebenakkorde, zu integrieren. Vergleichen wir mal die C-Dur- mit der C-Moll-Akkordleiter.

| C | Dm | Em | F | G | Am | B | C |
|---|---|---|---|---|---|---|---|
| Cm | D° | E♭ | Fm | Gm | A♭ | B♭ | Cm |

Ersetzen wir nun die Nebenstufen der Dur-Akkordleiter durch die Nebenstufen der Moll-Akkordleiter, so erhalten wir die folgende neue, auf die **Moll-Pentatonik** zugeschnittene Akkordleiter, die fast ausschließlich aus Dur-Akkorden besteht.

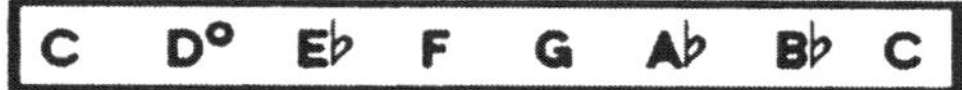


Auch der "Störenfried" D° kann durch einen D♭-Durakkord ersetzt werden. Dafür müßten wir aber auf den phrygischen Mollmodus zurückgreifen (näheres siehe bei den Kirchentonleitern unter "Der Phrygische Modus", S. 47). Die Akkordleiter besteht jetzt nur noch aus Dur-Akkorden, obwohl mit einer Moll-Skala improvisiert wird.

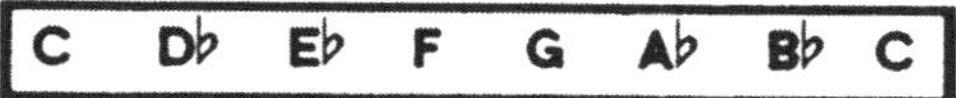


Vergleichst du diese Reihe noch einmal mit der Dur-Akkordreihe, wirst du feststellen, daß die Grundtöne der Nebenstufen alle einen halben Ton nach unten gerutscht sind und sich in Durakkorde gewandelt haben. Diese Erniedrigung der Nebenstufen wird durch das Erniedrigungszeichen ♭ gekennzeichnet, so daß die Stufen nun so aussehen:

| Akkorde | C | D♭ | E♭ | F | G | A♭ | B♭ | C |
|---|---|---|---|---|---|---|---|---|
| Stufen | I | ♭II | ♭III | IV | V | ♭VI | ♭VII | I |

Unten siehst du eine typische Rock-Gitarrenbegleitung, bei der die akkorde erniedrigt sind. Du kannst hier die Moll-Pentatonik verwenden.

Akkordbeispiel 6:

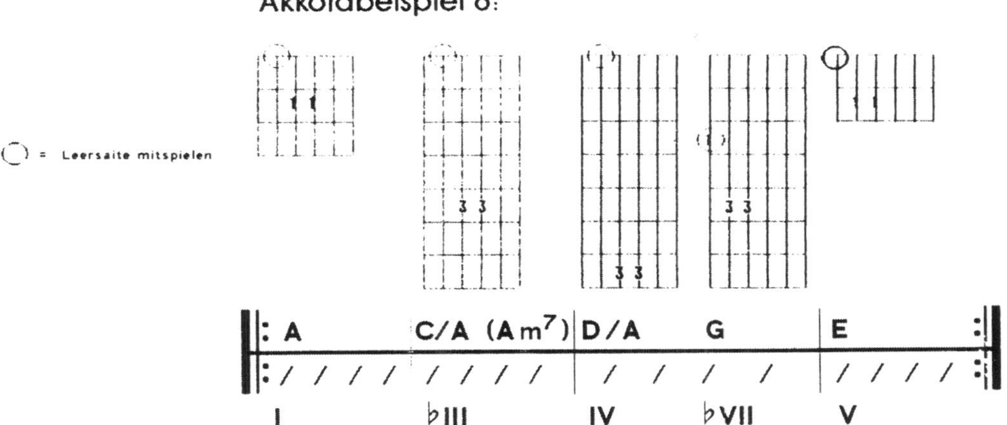


Typisch für den größten Teil der Akkorde in der Rockmusik ist das Fehlen der Terz in den Akkorden. Sie wird bei verzerrtem Sound als störend empfunden. Die dadurch wegfallenden Reibungen zwischen der großen und kleinen Terz (vgl. S 35) machen den typischen Rock-Sound aus.

## Zur schnellen Übersicht

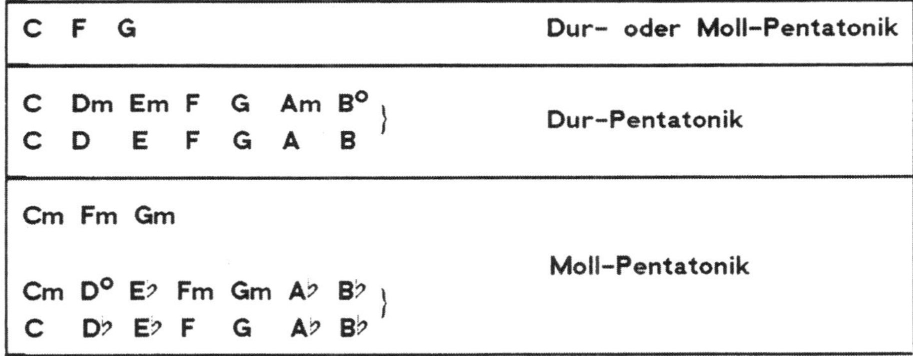

| | |
|---|---|
| C F G | Dur- oder Moll-Pentatonik |
| C Dm Em F G Am B° <br> C D E F G A B | Dur-Pentatonik |
| Cm Fm Gm <br><br> Cm D° E♭ Fm Gm A♭ B♭ <br> C D♭ E♭ F G A♭ B♭ | Moll-Pentatonik |

Transponiere diese Tabelle auch in andere Tonarten unter Berücksichtigung der Halb- und Ganztonschritte. Verwende dazu die ausklappbare *Griffbrettübersicht* am Ende des Buches.

In der *Akkord-Skalen-Tabelle* auf Seite 96 sind noch einmal alle in diesem Buch besprochenen Skalen mit ihren dazugehörigen Akkorden aufgeführt.

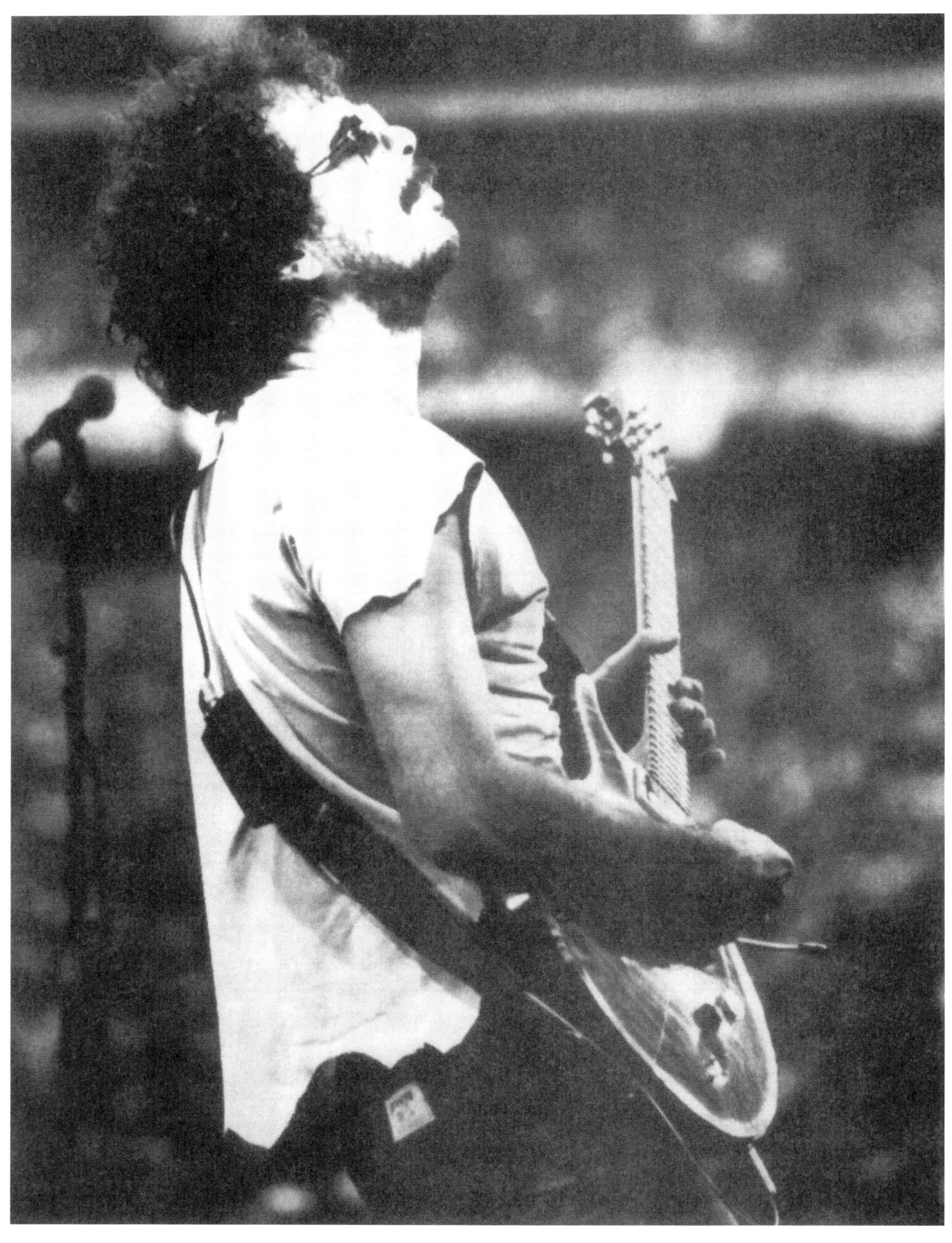

*Carlos Santana* (CBS)

# DIE KIRCHEN-TONLEITERN (MODI)

# Zur Harmonik der Kirchentonleitern (Modi)

In der abendländischen Musik haben sich im Laufe ihrer Entwicklung zwei Tonleitertypen durchgesetzt, nämlich die Dur- und die Moll-Tonleiter. Diese beiden Skalen sind das Überbleibsel aus einem Verbund von 6 Tonleitertypen, den sogenannten Kirchentonleitern (Modi), von denen jede eine andere musikalische Aussagekraft hat. Und so wie die Durtonart und die Molltonart ihre spezifischen Akkorde haben, so hat jede Kirchentonleiter (Modus) ebenfalls ihre spezielle Harmonik, die zu jeder einzelnen Skala als Akkordleiter dargestellt wird. Und eben diese modalen Akkordfolgen finden wir zum größten Teil in der populären Musik, ob im Jazz (z. B. Miles Davis) oder in der Rockmusik (z. B. Santana).

## Was ist ein Modus?

Ein Modus ist ein Ausschnitt aus einer "Stammtonleiter" (hier die Dur-Tonleiter). Wenn jeder Ton dieser Stammtonleiter zum Grundton einer neuen Leiter wird, erhält man sechs neue Tonleitern, die sich alle durch die Lage ihrer Halbtonschritte voneinander unterscheiden.

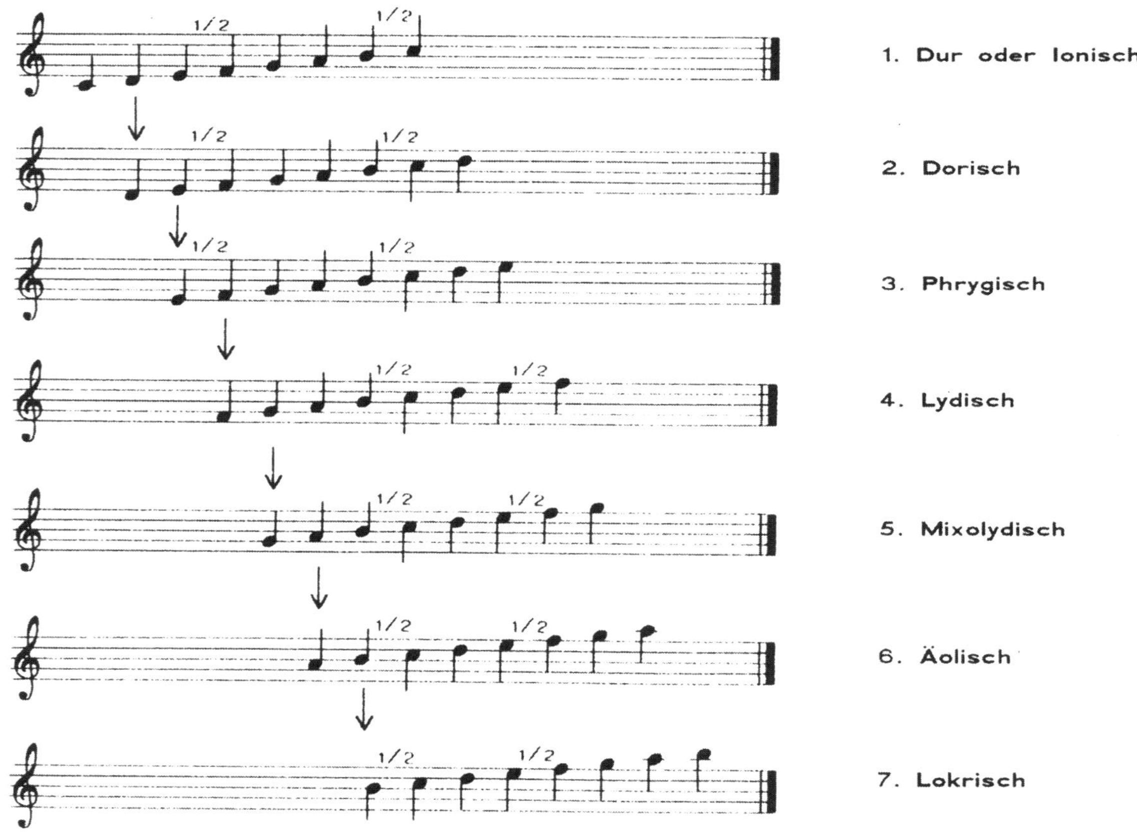


Das System der Modi läßt sich bis zu den alten Griechen zurückverfolgen. Deshalb sind auch bis heute die griechischen Namen der einzelnen Kirchentonleitern beibehalten worden. Lediglich der lokrische Modus entstammt nicht den alten Griechen, sondern wurde erst im 19. Jahrhundert auf der VII. Stufe hinzugefügt.

Bauen wir auf jedem Ton der Tonleiter einen Dreiklang auf, so können wir, wie bei der Dur-Tonleiter geschehen, auch hier jeden Akkord als Grundakkord (Tonika, I. Stufe) einem der 7 Modi zuordnen.

## Zusammenfassung

| | | | I | II | III | IV | V | VI | VII |
|---|---|---|---|---|---|---|---|---|---|
| 1. Ton | C-Ionisch | : | C | Dm | Em | F | G | Am | $B^\circ$ |
| 2. Ton | D-Dorisch | : | Dm | Em | F | G | Am | ($B^\circ$) | C |
| 3. Ton | E-Phrygisch | : | Em | F | G | Am | ($B^\circ$) | C | Dm |
| 4. Ton | F-Lydisch | : | F | G | Am | ($B^\circ$) | C | Dm | Em |
| 5. Ton | G-Mixolydisch | : | G | Am | ($B^\circ$) | C | Dm | Em | F |
| 6. Ton | A-Äolisch | : | Am | ($B^\circ$) | C | Dm | Em | F | G |
| 7. Ton | B-Lokrisch | : | ($B^\circ$ | C | Dm | Em | F | G | Am) |

Willst du ein Stück in der dorischen Tonart (2. Ton) spielen, verwende den 2. Akkord (hier ist es in C-Dur das Dm) als Tonika. Die Akkordleiter der dorischen Tonart sieht dann wie folgt aus:

**D-Dorisch**

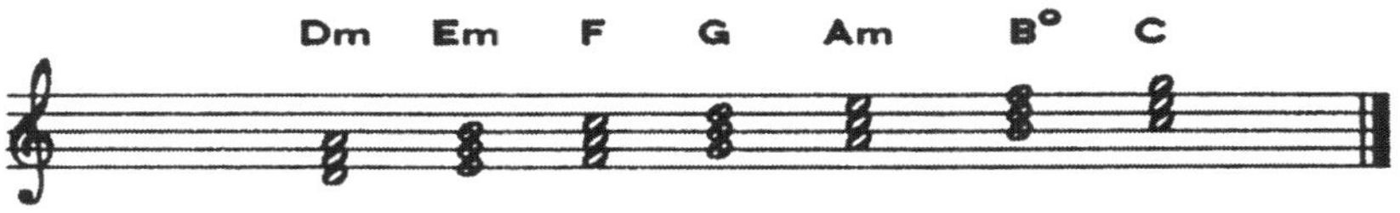

Dm Em F G Am $B^\circ$ C

# Dorische Skala, I. Position

Betrachten wir die II. Position der Dur-Tonleiter als I. Position (siehe Beispiel unten), so erhalten wir die Grundposition der **dorischen** Tonleiter (Grundton liegt auf der 6. Saite und wird mit dem 2. Finger gegriffen).

**Dur-Tonleiter**
**II. Position**

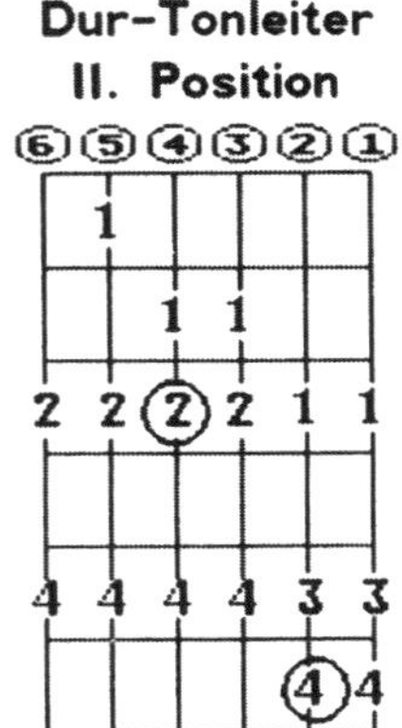

**dorische Tonleiter**
**I. Position**

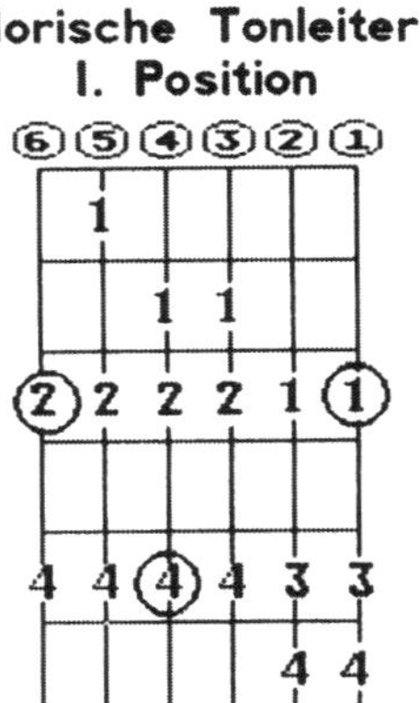

## Dorische Akkordleitern

Unten siehst du eine Tabelle mit Akkordleitern. Diese Tabelle verschafft dir einen raschen Überblick über die tonalen Verhältnisse des dorischen Modus in allen zwölf Tonarten. Sie soll Hilfestellung beim Analysieren von Akkordfolgen geben und das Material liefern, um selbst Akkordfolgen herzustellen.

| **Stufen:** | Im | IIm | ♭III | IV | Vm | VI° | ♭VII |
|---|---|---|---|---|---|---|---|
| **Akkorde:** | Gm | Am | B♭ | C | Dm | E° | F |
| | A♭m | B♭m | C♭ | D♭ | E♭m | F° | G♭ |
| | Am | Bm | C | D | Em | F♯° | G |
| | B♭m | Cm | D♭ | E♭ | Fm | G° | A♭ |
| | Bm | C♯m | D | E | F♯m | G♯° | A |
| | Cm | Dm | E♭ | F | Gm | A° | B♭ |
| | D♭m | E♭m | F♭ | G♭ | A♭m | B♭° | C♭ |
| | Dm | Em | F | G | Am | B° | C |
| | E♭m | Fm | G♭ | A♭ | B♭m | C° | D♭ |
| | Em | F♯m | G | A | Bm | C♯° | D |
| | Fm | Gm | A♭ | B♭ | Cm | D° | E♭ |
| | F♯m | G♯m | A | B | C♯m | D♯° | E |

Dazu eine Übung mit Triolen. Achte auf den Wechselschlag und darauf, daß auf den Zählzeiten (1, 2, 3, 4) bei 1 und 3 **Abschläge** ( ⊓ ) und bei 2 und 4 **Aufschläge** ( V )sind . – Versuche, die erste Note einer Triole zu betonen ( > ).

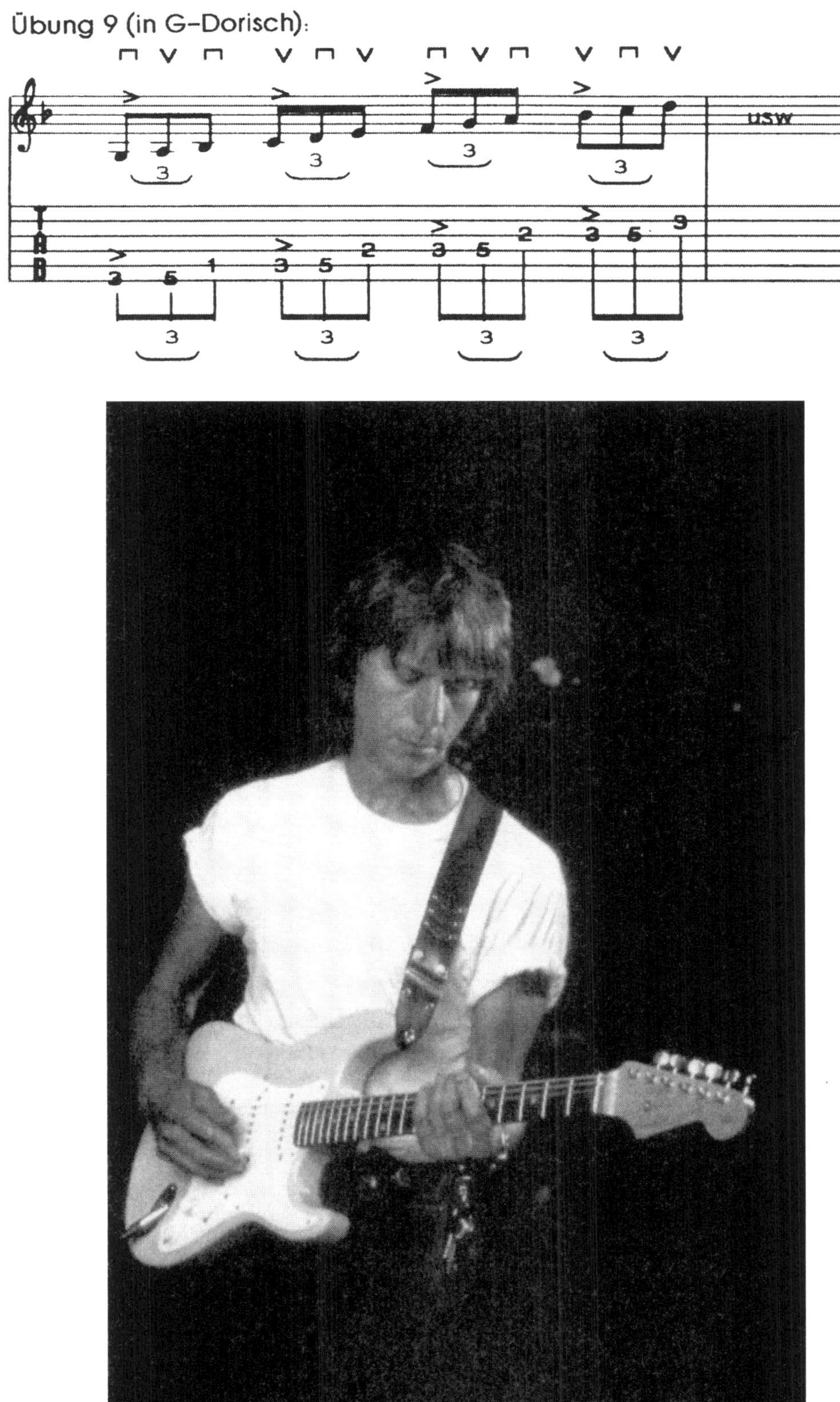


*Jeff Beck (CBS)*

# Die fünf Positionen der dorischen Skala

Da die I. Position der dorischen Skala der II. Position der Dur-Tonleiter entspricht, verhalten sich die nachfolgenden Positionen natürlich entsprechend (z.B. II. Position (dorisch) = III. Position (Dur), III. Position (dorisch) = IV. Position (Dur) usw.).

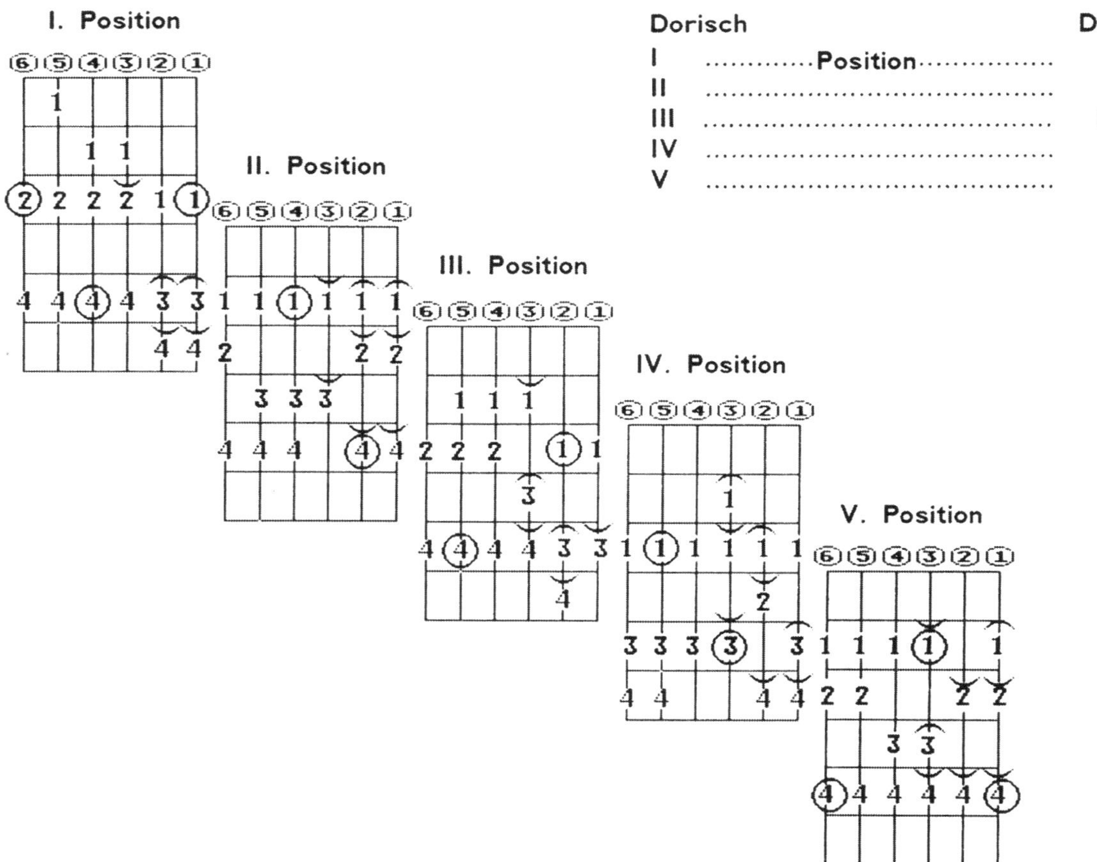


| Dorisch | | Dur |
|---|---|---|
| I | Position | II |
| II | | III |
| III | | IV |
| IV | | V |
| V | | I |

Wir verwenden also für alle Modi immer dieselben, in gleicher Reihenfolge auftretenden Griffbilder der 5 Positionen, verlegen aber je nach gewünschter Tonleiter die I. Position.

Übertrage die Übungspatterns 1-5 zur Durtonleiter ( s. S. 6 ff.) auch auf die dorische Tonleiter.

Nimm die folgende Rock-Begleitung auf Band auf und improvisiere darüber unter Verwendung der nachfolgenden Sololicks.

Akkordbeispiel 7:

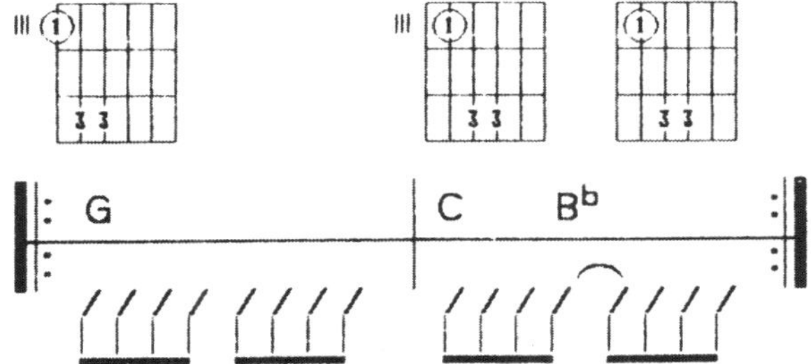


Lick im dorischen G-Modus, I. Position, im ***Steve Vai***-Stil.

Sololick 14:

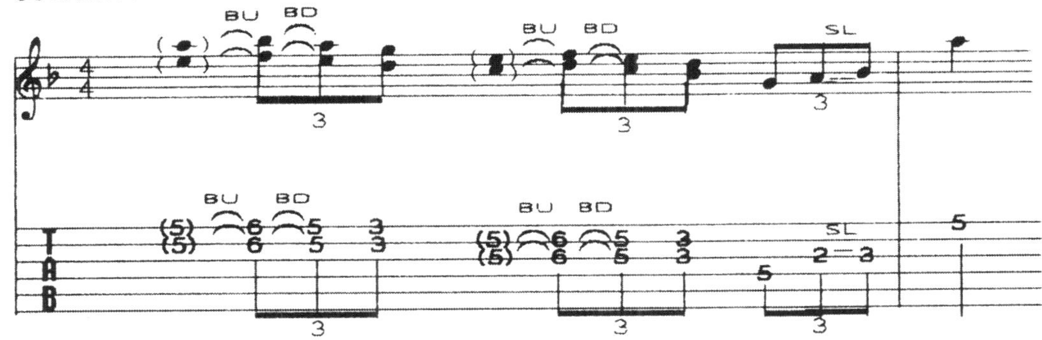


Lick in der II. Position im ***Larry Carlton***-Stil.

Sololick 15:

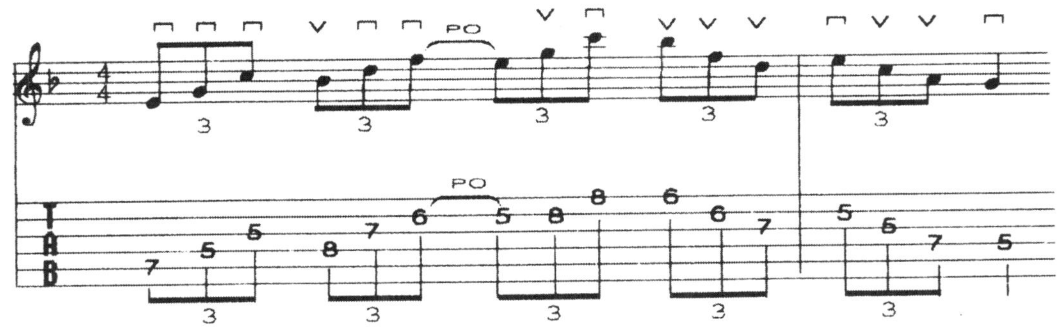


Lick in der III. Position im ***John Scofield***-Stil.

Sololick 16:

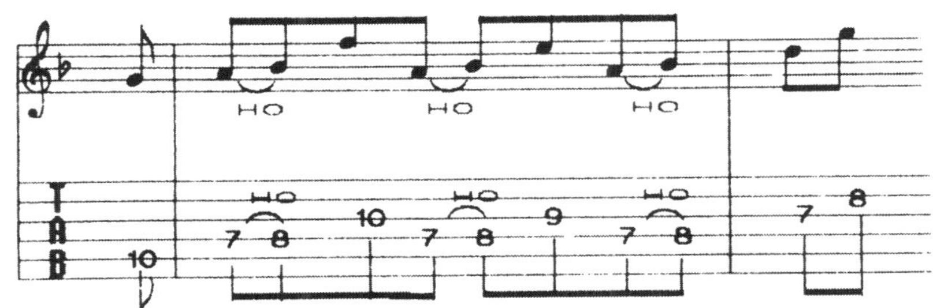

Lick in der IV. und V. Position im ***Al di Meola***-Stil.

Sololick 17:

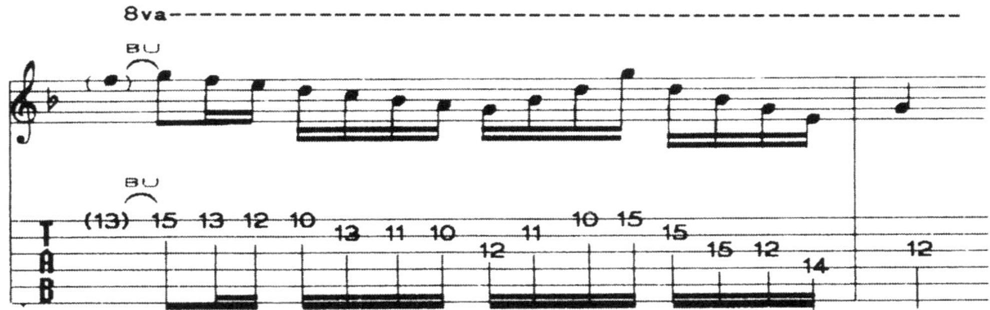

# Phrygische Skala, I. Position

Betrachten wir die III. Position der Dur-Tonleiter als I. Position, so ergibt sich die Grundposition der **phrygischen Tonleiter**.

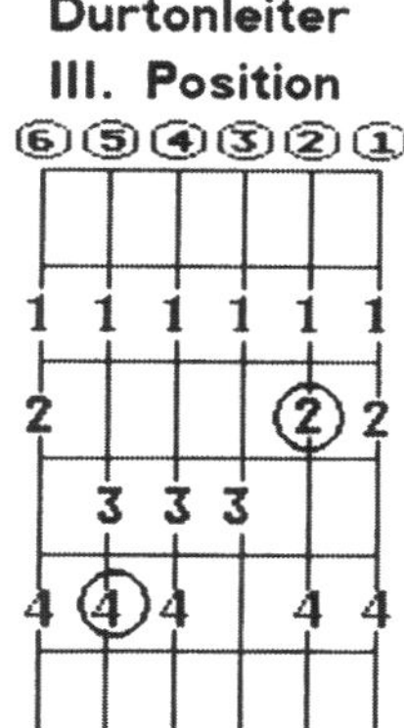


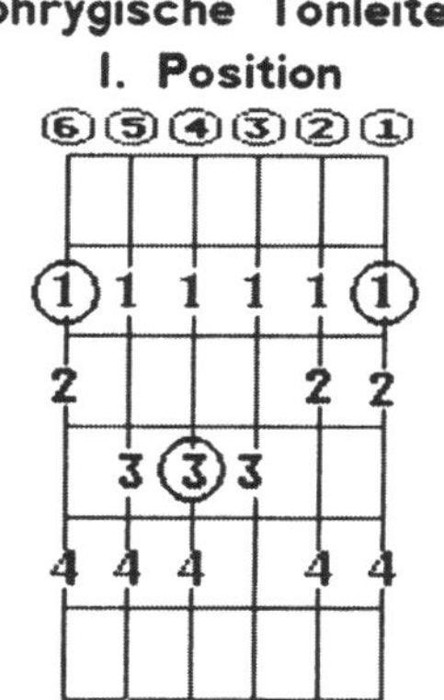


| Phrygische Akkordleitern | | | | | | |
|---|---|---|---|---|---|---|
| Im | ♭II | ♭III | IVm | V° | ♭VI | ♭VIIm |
| Gm | A♭ | B♭ | Cm | D° | E♭ | Fm |
| G♯m | A | B | C♯m | D♯° | E | F♯m |
| Am | B♭ | C | Dm | E° | F | Gm |
| A♯m | B | C♯ | D♯m | E♯° | F♯ | G♯m |
| Bm | C | D | Em | F♯° | G | Am |
| Cm | D♭ | E♭ | Fm | G° | A♭ | B♭m |
| C♯m | D | E | F♯m | G♯° | A | Bm |
| Dm | E♭ | F | Gm | A° | B♭ | Cm |
| D♯m | E | F♯ | G♯m | A♯° | B | C♯m |
| Em | F | G | Am | B° | C | Dm |
| Fm | G♭ | A♭ | B♭m | C° | D♭ | E♭m |
| F♯m | G | A | Bm | C♯° | D | Em |

***Übungstip:***

*Fange beim Üben wieder mit dem Grundton an und höre auch mit einem der Grundtöne auf (entweder auf der 6., 4., oder 1. Saite). Verwende die 4 Übungsanleitungen und achte auf **konsequenten Wechselschlag**.*

Dazu ein Lick im Stil von ***Paco de Lucia***:

Sololick 18:

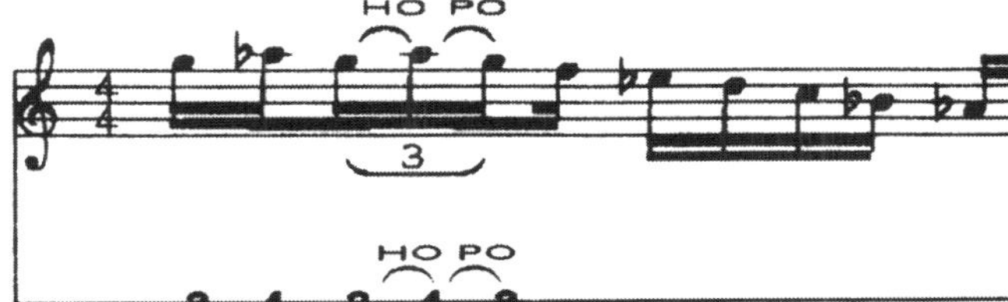

# Die fünf Positionen der phrygischen Skala

Unten sehen wir den Vergleich der 5 Positionen der phrygischen Tonleiter mit den Positionen der Durtonleiter.

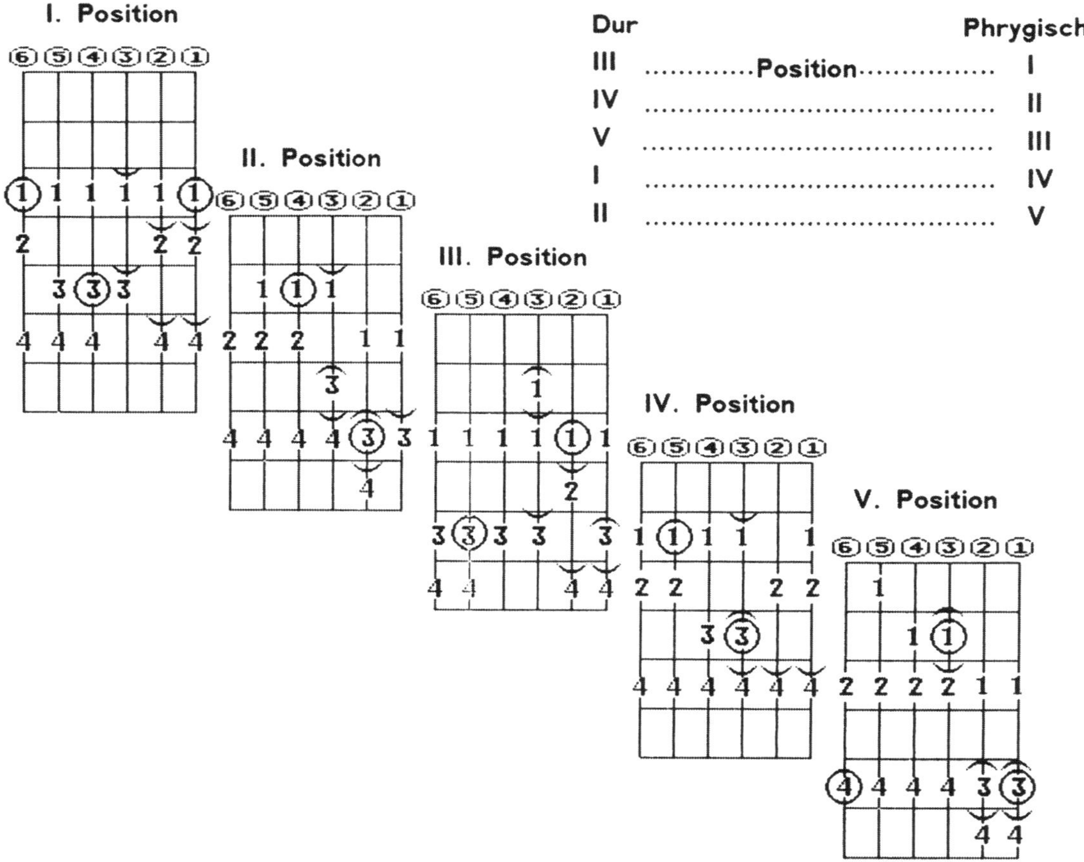


| Dur | | Phrygisch |
|---|---|---|
| III | ............Position............... | I |
| IV | ....................................... | II |
| V | ....................................... | III |
| I | ....................................... | IV |
| II | ....................................... | V |

Verwende wieder die Übungen, um Sicherheit zu erlangen.

Versuche mal, die I. Position der phrygischen Tonart über zwei Takte zu spielen und dann die I. Position der dorischen Tonart, ebenfalls für zwei Takte usw., immer auf den Grundton G bezogen.

Akkordbeispiel 8:

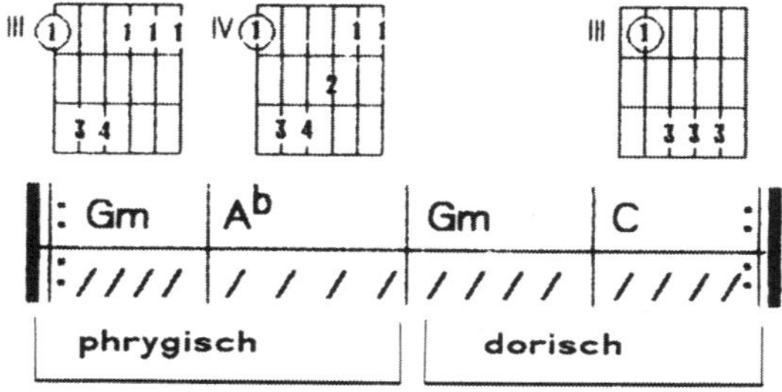


Verwende auch die Licks 14-17 im phrygischen Modus, es sind ja nur verschiedene Positionsbezeichnungen, aber die gleichen Griffbilder. Sololick 14 spielst du dann in der V. Position, Sololick 15 in der I. Position, Sololick 16 in der II. Position und Sololick 17 in der III. **und** IV. Position der phrygischen Skala.

# Lydische Skala, I. Position

Aus der III. Position der Dur-Tonleiter ergibt sich neben der phrygischen Tonleiter noch eine zweite Grundposition, es ist der **lydische Modus**. Der Grundton liegt auf der 6. Saite und wird mit dem 2. Finger gegriffen. Fange beim Einüben wieder mit den Grundtönen an.

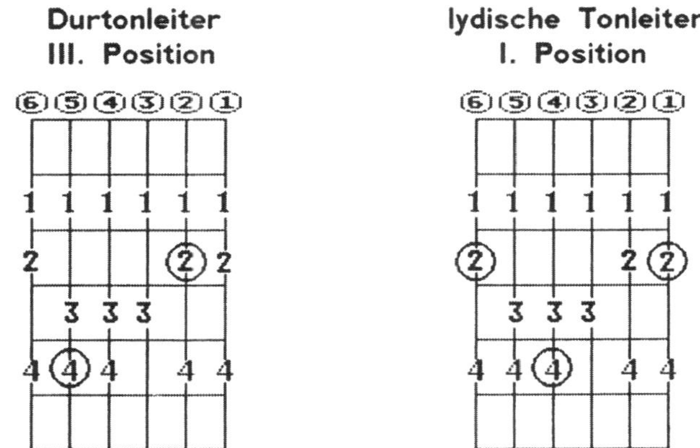


| lydische Akkordleitern | | | | | | |
|---|---|---|---|---|---|---|
| I | II | IIIm | #IV° | V | VIm | VIIm |
| G | A | Bm | C#° | D | Em | F#m |
| A♭ | B♭ | Cm | D° | E♭ | Fm | Gm |
| A | B | C#m | D#° | E | F#m | G#m |
| B♭ | C | Dm | E° | F | Gm | Am |
| B | C# | D#m | E#° | F# | G#m | A#m |
| C | D | Em | F° | G | Am | Bm |
| D♭ | E♭ | Fm | G♭° | A♭ | B♭m | Cm |
| D | E | F#m | G° | A | Bm | C#m |
| E♭ | F | Gm | A♭° | B♭ | Cm | Dm |
| E | F# | G#m | A° | B | C#m | D#m |
| F | G | Am | B♭° | C | Dm | Em |
| F# | G# | A#m | B° | C# | D#m | E#m |

Als Grundlage einer neuen Übung wählen wir nun die Sechzehntel-Noten; hier kommen 4 Noten auf eine Zählzeit (Beat).

Übung 10 (G-lydisch):

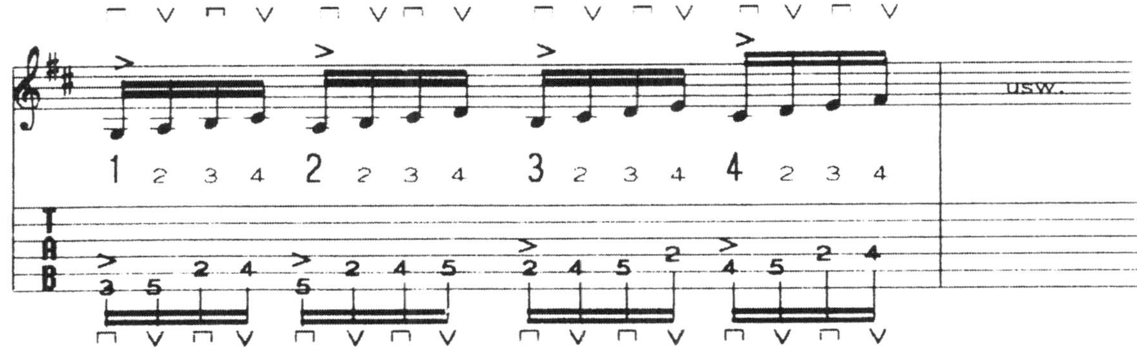

# Die fünf Positionen der lydischen Skala

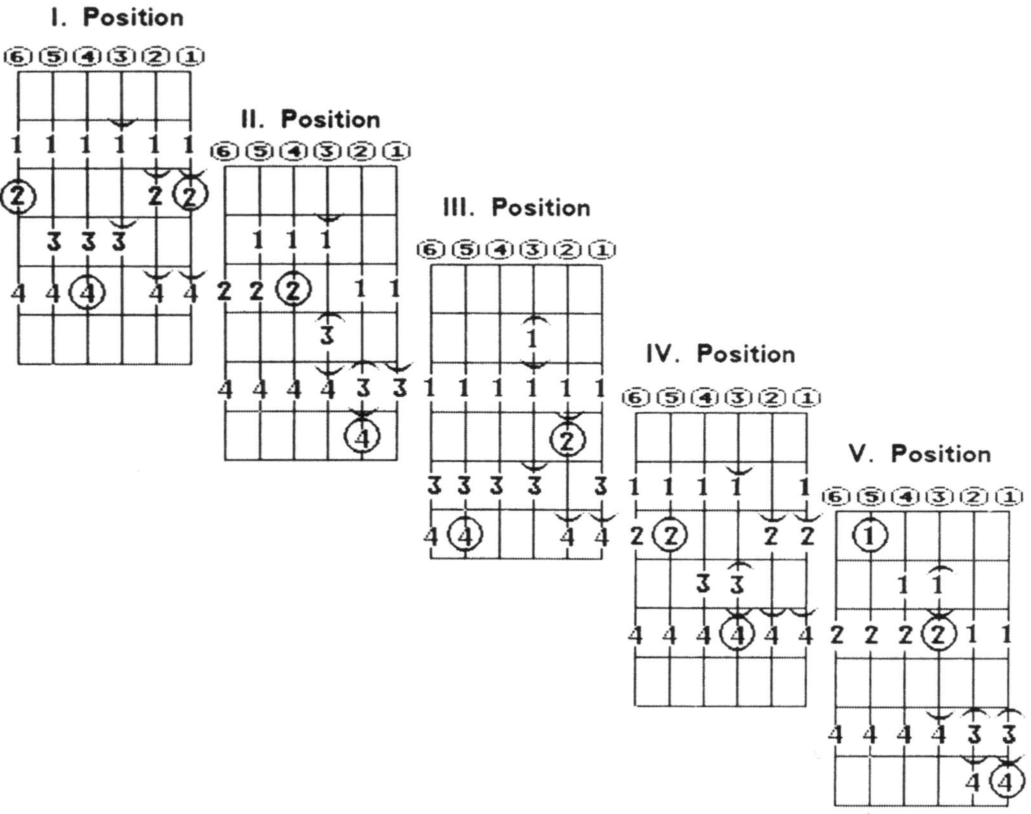


***Übungstip:***
*Da es viel Zeit erfordert, sich in jeder Tonleiter und jeder Position die Grundtöne zu merken, ist es ratsam, sich erst einmal die jeweiligen I. Positionen einzuprägen und die anderen Positionen als Ausweichmöglichkeit anzusehen.*

Übe die Tonleiter wieder jeweils vom Grundton aus und verwende die 5 Übungen dazu.

**Akkordbeispiel 9 (B$^b$-Lydisch):**

VI V V

‖: B$^b$ma$^{7\#11}$ | C/B$^b$ Dm/A :‖

‖: / / / / | / / / / :‖

# Mixolydische Skala, I. Position

Die IV. Position der Dur-Tonleiter ist mit der Grundposition der **mixolydischen Tonleiter** identisch. Vergleichst du sie mit der I. Position der Dur-Tonleiter, so siehst du, daß lediglich ein Ton differiert; die Dur-Tonleiter hat eine große Septime (einen Halbton unter dem Grundton), während die mixolydische Tonart eine kleine Septime vorweist. Vergleiche ebenso die I. Position in Dur mit der I. Position in der lydischen Tonart. Sie unterscheiden sich lediglich im Intervall der Quarte. Während die Dur-Tonleiter eine reine Quarte enthält, findet sich in der lydischen Tonart die charakteristische übermäßige Quarte (#11). Diese beiden Modi, der lydische sowie der mixolydische Modus sind der Dur-Tonleiter also sehr ähnlich. Alle drei Modi enthalten eine große Terz. Damit haben sie Dur-Charakter.

Gewöhne dich an den "Sound" der mixolydischen Tonart, indem du erst einmal grundtonbezogen spielst.

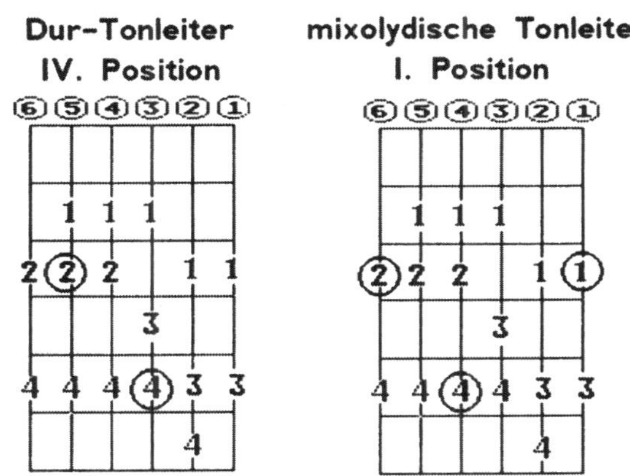


Als Übung versuche mal die Töne der Tonleiter wahllos aneinanderzureihen. Ungefähr so:

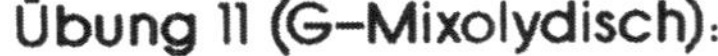


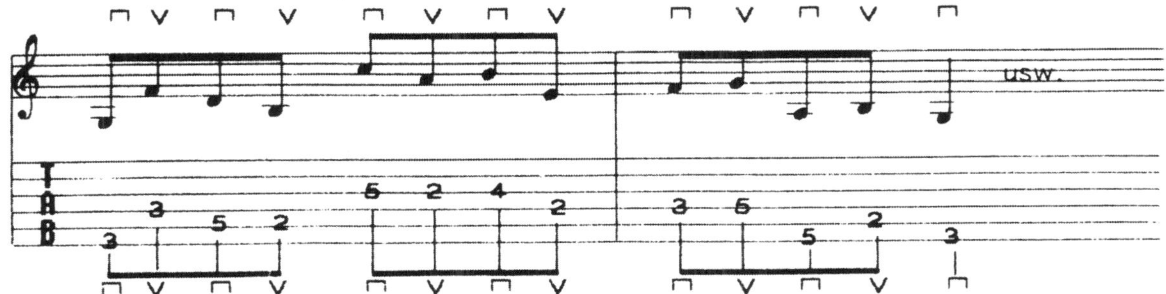

| Mixolydische Akkordleitern | | | | | | |
|---|---|---|---|---|---|---|
| I | IIm | III° | IV | Vm | VIm | ♭VII |
| G | Am | B° | C | Dm | Em | F |
| A♭ | B♭m | C° | D♭ | E♭m | Fm | G♭ |
| A | Bm | C♯° | D | Em | F♯m | G |
| B♭ | Cm | D° | E♭ | Fm | Gm | A♭ |
| B | C♯m | D♯° | E | F♯m | G♯m | A |
| C | Dm | E° | F | Gm | Am | B♭ |
| D♭ | E♭m | F° | G♭ | A♭m | B♭m | C♭ |
| D | Em | F♯° | G | Am | Bm | C |
| E♭ | Fm | G° | A♭ | B♭m | Cm | D♭ |
| E | F♯m | G♯° | A | Bm | C♯m | D |
| F | Gm | A° | B♭ | Cm | Dm | E♭ |
| F♯ | G♯m | A♯° | B | C♯m | D♯m | E |

# Die fünf Positionen der mixolydischen Skala

Es dürfte dir mittlerweile nicht mehr schwerfallen, die 5 Positionen aneinanderzureihen.

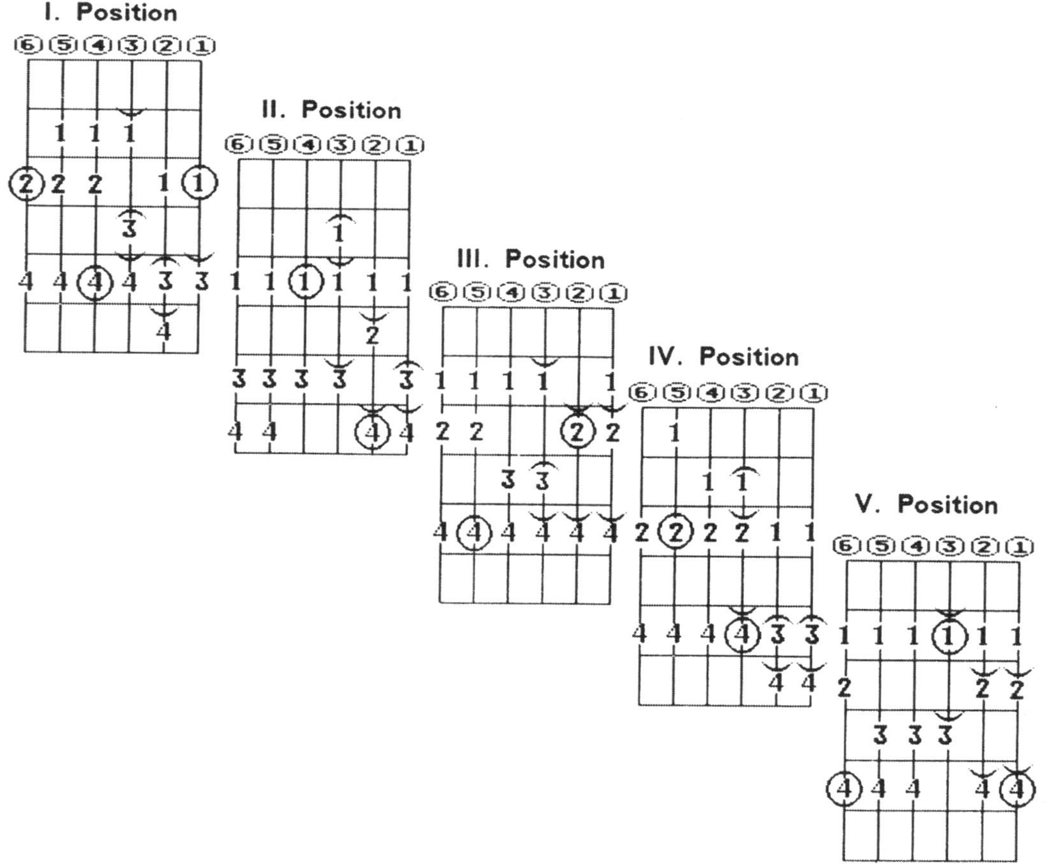

Akkordbeispiel 10:

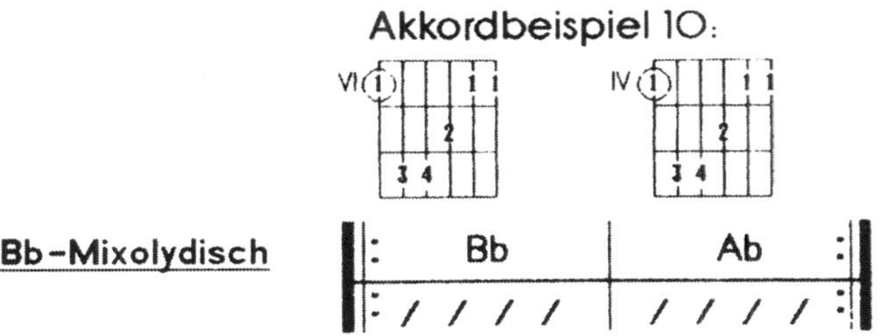


***Übungstip:***

*Achte darauf, daß du in Bb spielst. Somit liegt der Grundton der I. Position auf der 6. Saite (2. Finger) im 6. Bund.*

Ein Lick im mixolydischen Bb-Modus, I. Position, im Stile von ***Jeff Beck***:

Sololick 19:

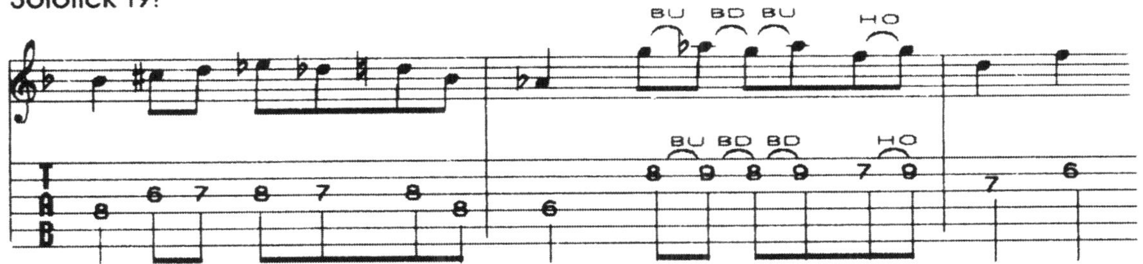


Lick in der II. Position des mixolydischen Bb-Modus im ***George Benson***-Stil:

Sololick 20:

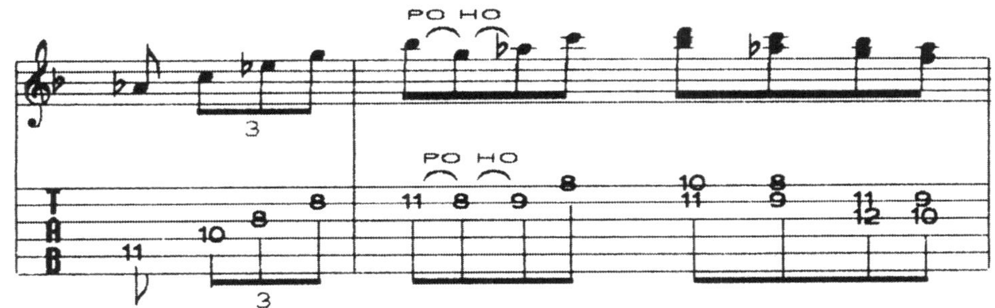


Lick in der III. Position des mixolydischen Bb-Modus im ***Al di Meola***-Stil:

Sololick 21:

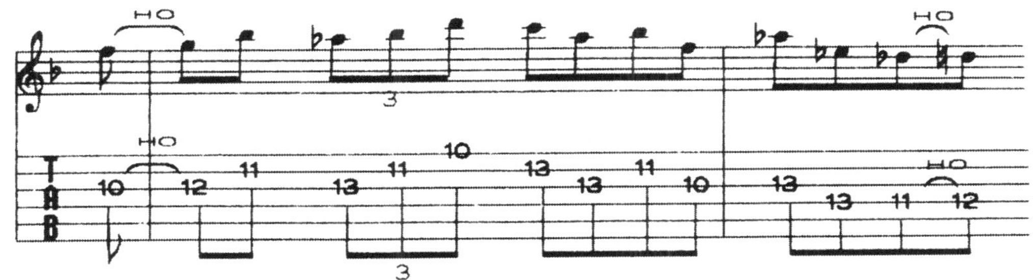


Lick in der IV. Position des mixolydischen Bb-Modus im ***Larry Carlton***-Stil:

Sololick 22:

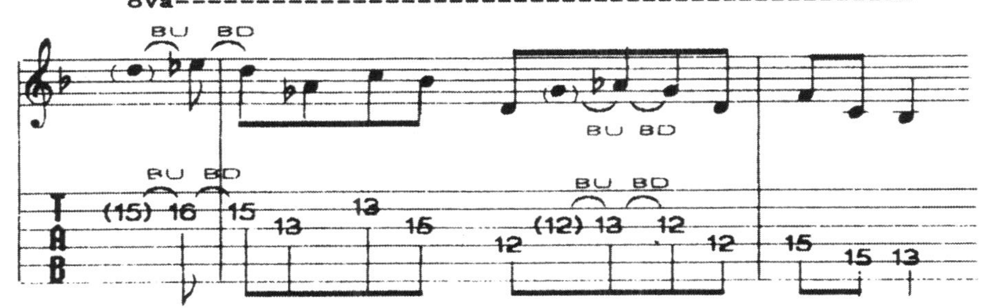

# Äolische Skala, I. Position

Die V. Position der Dur-Tonleiter ist die Grundposition der **äolischen** bzw. der **natürlichen Moll-Tonleiter** (beide sind identisch). Diese Tonleiter spielt neben der Dur-Tonleiter eine wichtige Rolle im Dur-Mollsystem.

Vergleiche die I. Position der äolischen Tonleiter mit der I. Position der dorischen, sowie der phrygischen Tonleiter, beide haben ebenfalls Mollcharakter und unterscheiden sich nur in wenigen Tönen.

| Äolische Akkordleitern | | | | | | |
|---|---|---|---|---|---|---|
| Im | II° | ♭III | IVm | Vm | ♭VI | ♭VII |
| Gm | A° | B♭ | Cm | Dm | E♭ | F |
| G♯m | A♯° | B | C♯m | D♯m | E | F♯ |
| Am | B° | C | Dm | Em | F | G |
| B♭m | C° | D♭ | E♭m | Fm | G♭ | A♭ |
| Bm | C♯° | D | Em | F♯m | G | A |
| Cm | D° | E♭ | Fm | Gm | A♭ | B♭ |
| C♯m | D♯° | E | F♯m | G♯m | A | B |
| Dm | E° | F | Gm | Am | B♭ | C |
| E♭m | F° | G♭ | A♭m | B♭m | C♭ | D♭ |
| Em | F♯° | G | Am | Bm | C | D |
| Fm | G° | A♭ | B♭m | Cm | D♭ | E♭ |
| F♯m | G♯° | A | Bm | C♯m | D | E |

Übe die äolische Tonart wie in Übung 3 und 4 (vgl. S. 8/9) und starte wieder jeweils mit dem Grundton.

**Durtonleiter**
**V. Position**

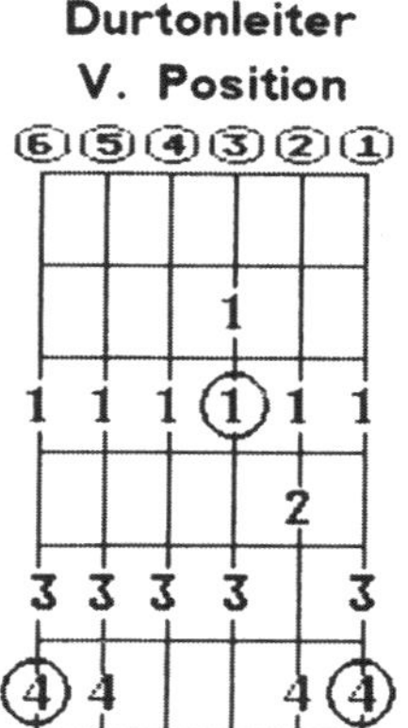

**Äolische-Tonleiter**
**I. Position**

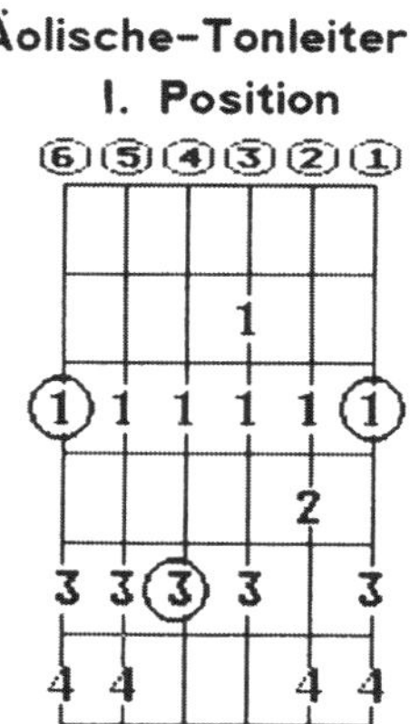

# Die fünf Positionen der äolischen Skala

Untenstehend die 5 Positionen der äolischen Tonleiter.

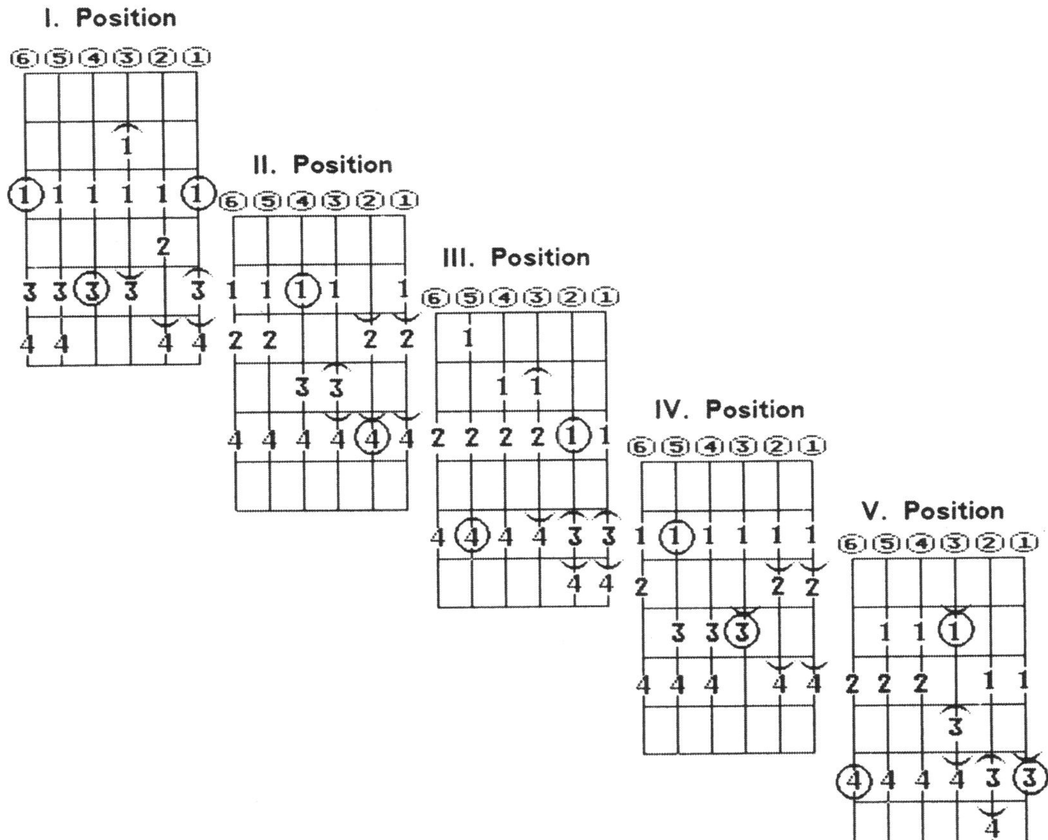


Verwende auch hier wieder alle Übungen aus den Dur-Positionen.

***Übungstip:***
*Nimm den folgenden Ausschnitt aus einer Rockballade auf Band auf und improvisiere über dieses Playback. Arbeite auch hier mit den Sololicks der anderen Modi.*

Akkordbeispiel 11:

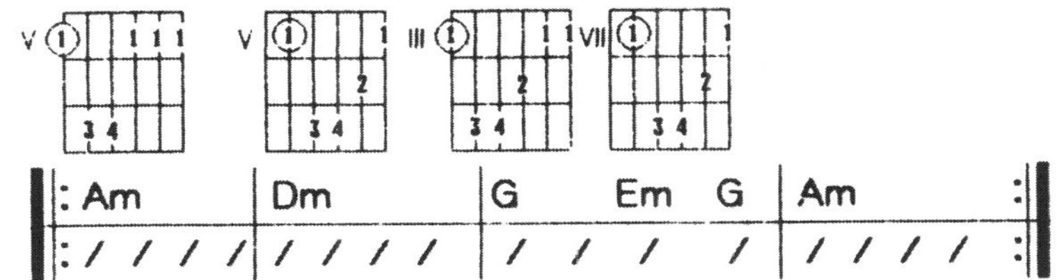

Lick im äolischen A-Modus, I. Position, im ***Carlos Santana***-Stil:

Sololick 23:

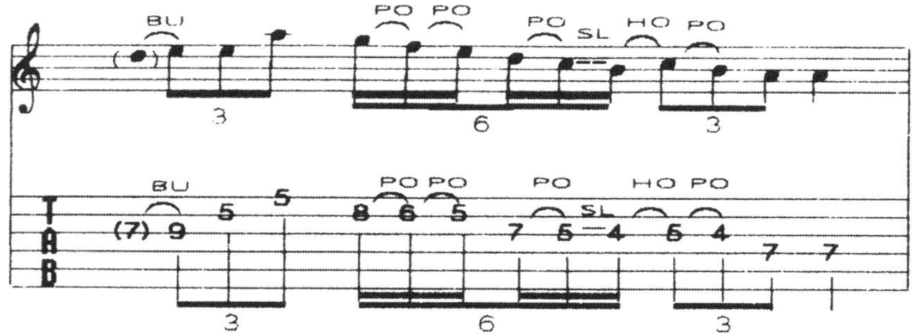


II. Position, im Stil von ***Steve Vai:***

Sololick 24:

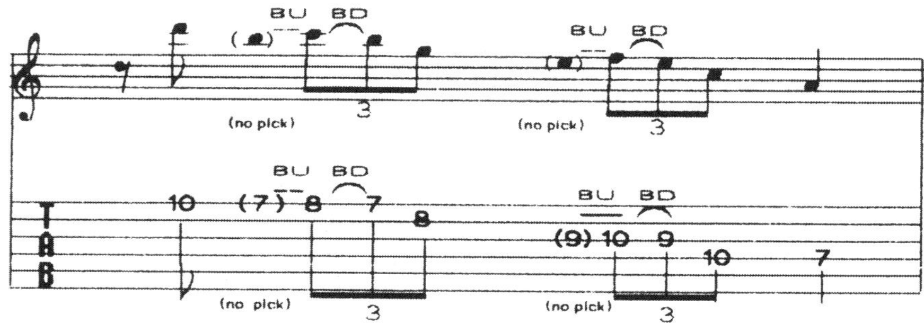

# Lokrische Skala, I. Position

**Dur-Tonleiter**
**I. Position**

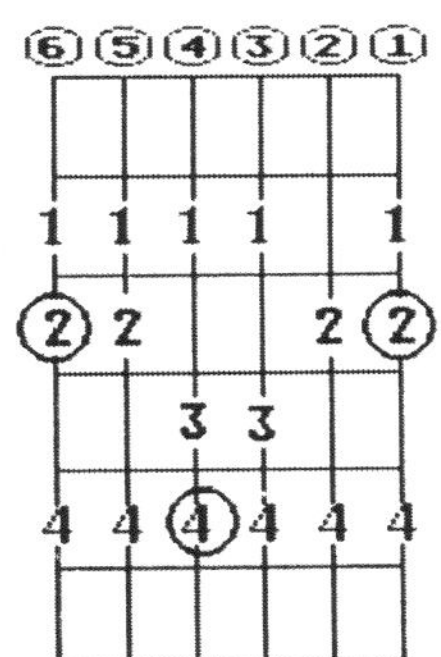

**lokrische Tonleiter**
**I. Position**

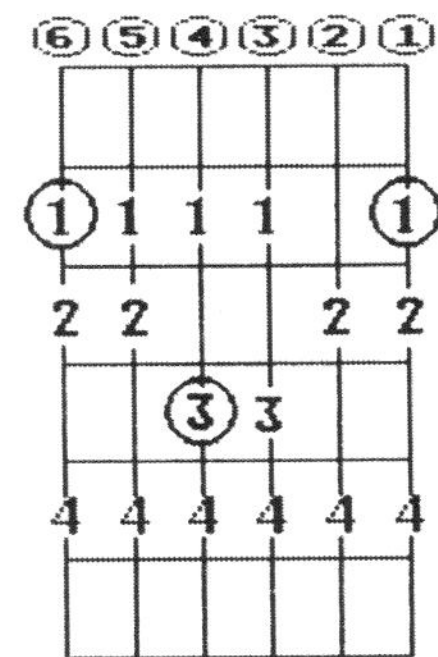

Die I. Position der Dur-Tonleiter enthält bereits die I. Position der **lokrischen** Leiter, mit dem Unterschied, daß im lokrischen Modus der 1. Finger den Grundton greift.

Da diese Tonleiter "labil" ist, d. h. keine in sich geschlossene Form hat, eignet sie sich selten als Grundskala für ein Stück, sondern dient nur als Leiter über einen verminderten Akkord (z. B. Gm7b5).

Beginne mit dem Grundton, aber wundere dich nicht, wenn nicht der Ton des 1., sondern des 2. Fingers Grundton sein will.

Mit dieser siebten, nachträglich im 19. Jahrhundert den Kirchentonleitern zugeordneten Skala hat sich der 5-Positionen-Kreis wieder geschlossen und du solltest in der Lage sein, in folgenden "Modes" spielen zu können:

1. Ionisch (Dur)
2. Dorisch
3. Phrygisch
4. Lydisch
5. Mixolydisch
6. Äolisch (Moll)
7. Lokrisch

Lick im lokrischen G-Modus, I. Position, im Stil von ***Larry Carlton***:

Sololick 25:

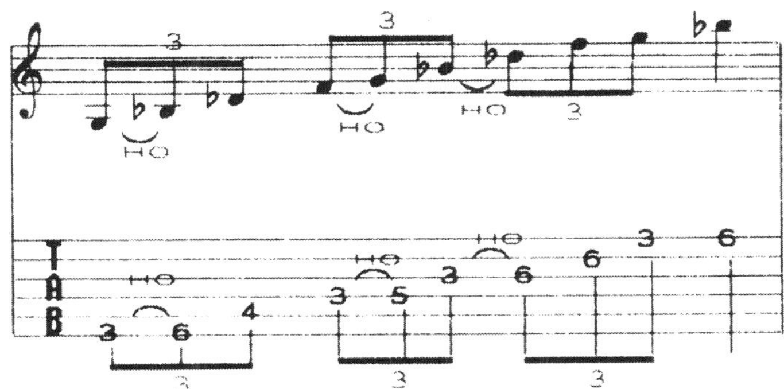

# Die fünf Positionen der lokrischen Skala

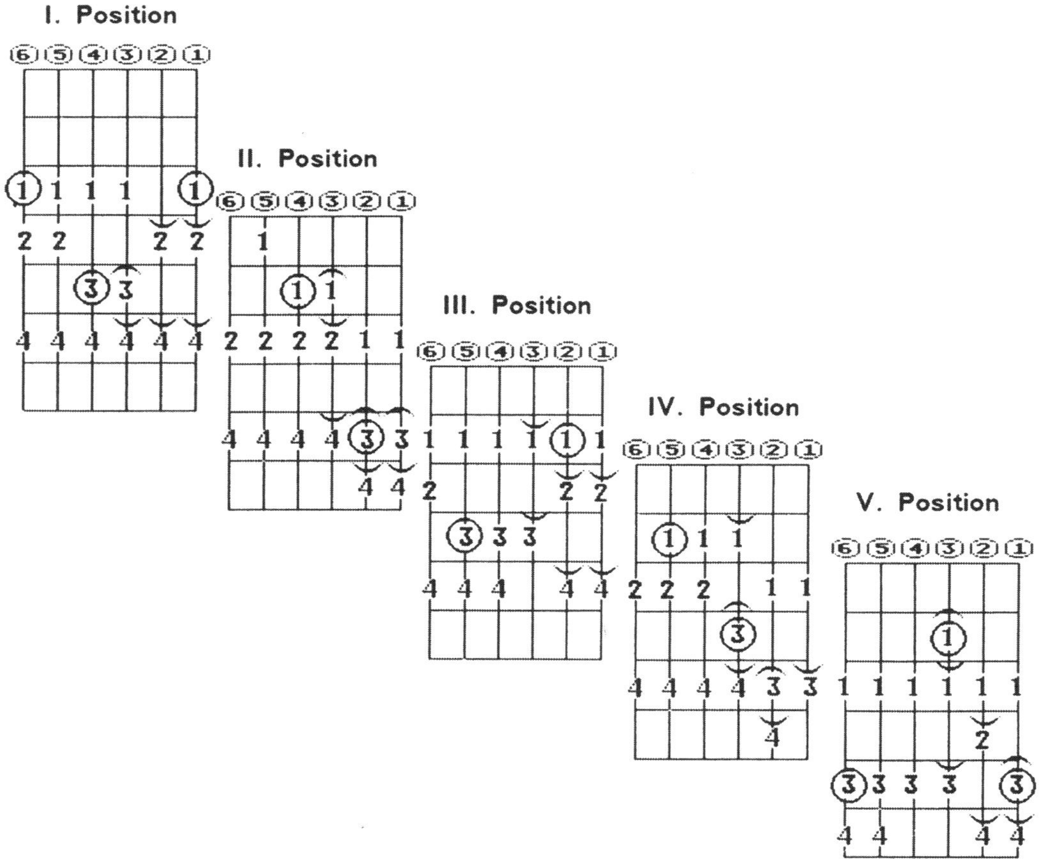


Probiere den lokrischen Modus an folgender Akkordfolge aus.

**Akkordbeispiel 12:**

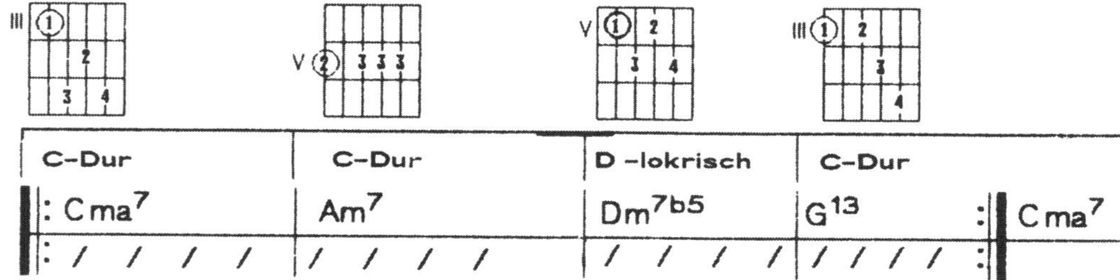

Den folgenden "***Through The Modes Blues***" kannst du als Improvisationsübung durch alle Kirchentonleitern ("Modes") verwenden.

Haben wir bisher die einzelnen Modes jeweils auf eine Akkordfolge bezogen (horizontale Improvisation), wollen wir sie jetzt auf einzelne Akkorde beziehen (vertikale Improvisation).

Diese akkordbezogene, vertikale Spielweise wird meist im Jazz angewandt, aber auch viel in der heutigen Pop-Rockmusik.

Probiere alle Positionen einzeln und in ihren verschiedenen Verbindungen aus.

III G7 | III C9 | III G7
G-Mixolydisch | G-Dorisch (C-Mixolydisch) | G-Mixolydisch

·/. | III C9 | ·/.
G-Dorisch (C-Mixolydisch)

III G7 | VI Bb7 | V A7
G-Mixolydisch | G-Phrygisch (Bb-Mixolydisch) | G-Lydisch (A-Mixolydisch)

V Am7b5 | III Gmaj7 | IV Abmaj7
G-Äolisch (A-Lokrisch) | G-Ionisch (Dur) | G-Lokrisch (Ab-Ionisch)

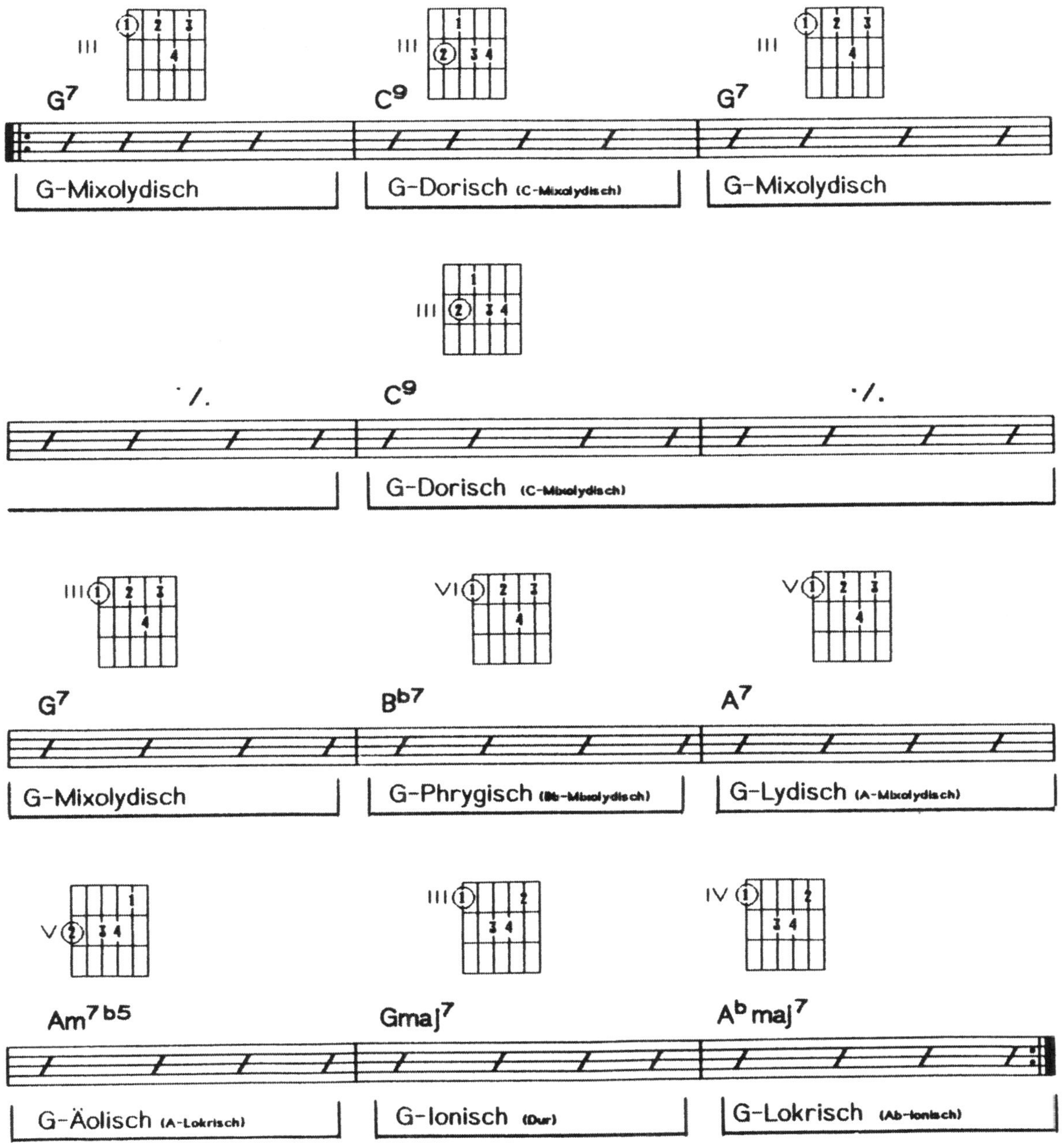

# Reduzierung der Modi zur Pentatonik

Man kann die Modi auch auf fünf Töne zur Pentatonik reduzieren. Im folgenden findest du die Pentatonikformen der Kirchentonleitern jeweils auf die I. Position bezogen. Dabei sind die Skalen so angeordnet, daß sich von einer Kirchentonart zur anderen nur ein Ton verändert. Vergleiche!

Für die Kirchentonarten mit Dur-Charakter (lydisch, ionisch und mixolydisch) verwende die Dur-Pentatonik, bei denen mit Moll-Charakter (dorisch, äolisch und phrygisch) die Moll-Pentatonik. Die Pentatonik der lokrischen Tonart steht für sich, kann aber mit der Moll-Pentatonik "vermischt" werden (flatted fifth-Effekt).

Da bei fortlaufender Anwendung aller 7 Töne einer Kirchentonart schnell ein Abstumpfungseffekt eintreten kann, verwende die Pentatonik als Skalengerüst und füge die fehlenden 2 Töne zur vollständigen Tonleiter ab und zu als modale Färbung hinzu.

## Dur-Charakter

**Lydisch** **Ionisch/Dur** 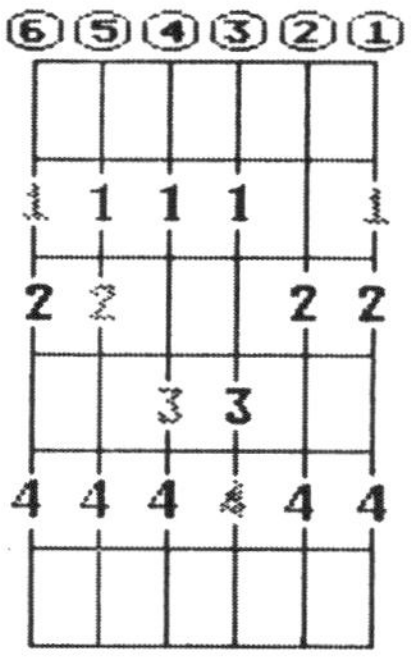 **Mixolydisch**

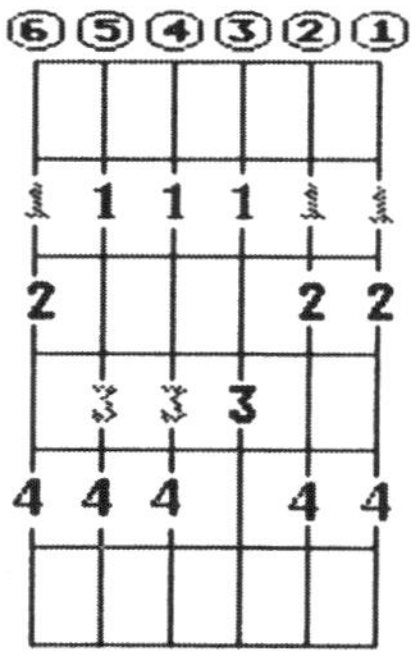

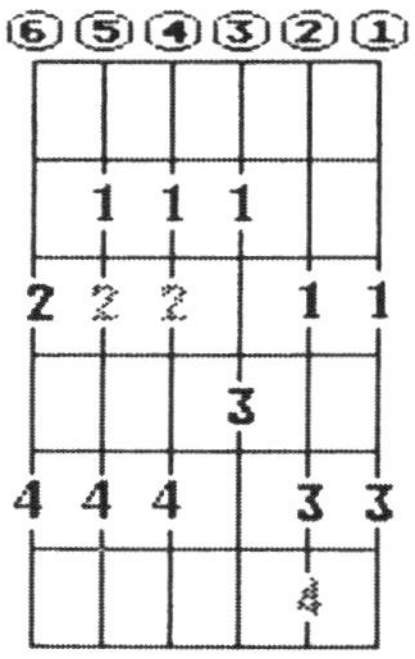

## Moll-Charakter

**Dorisch** **Äolisch** 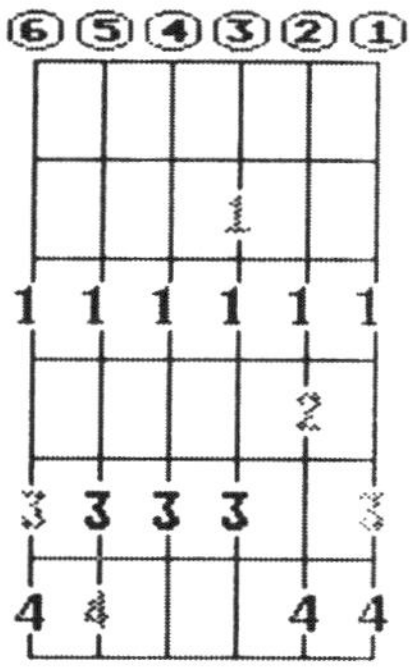 **Phrygisch** 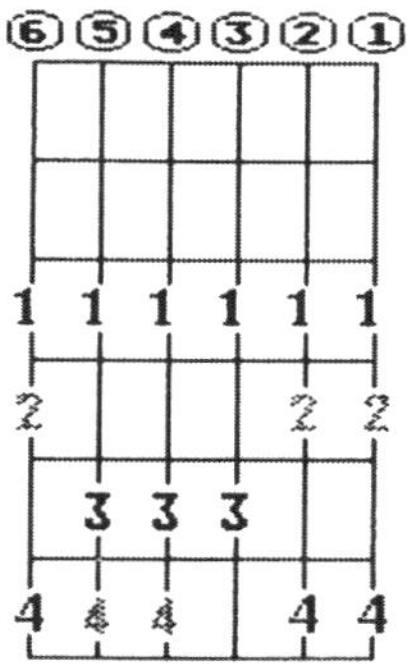 **Lokrisch**

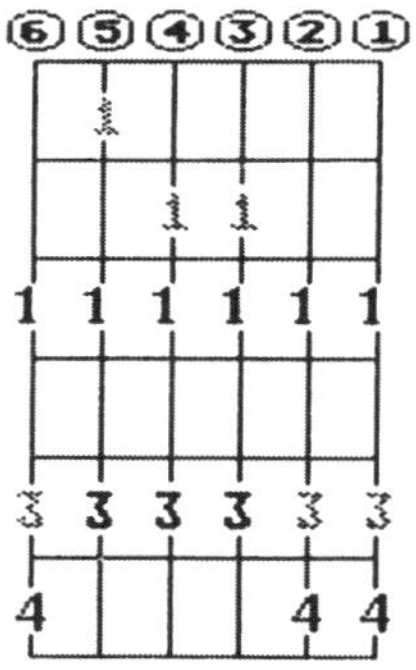

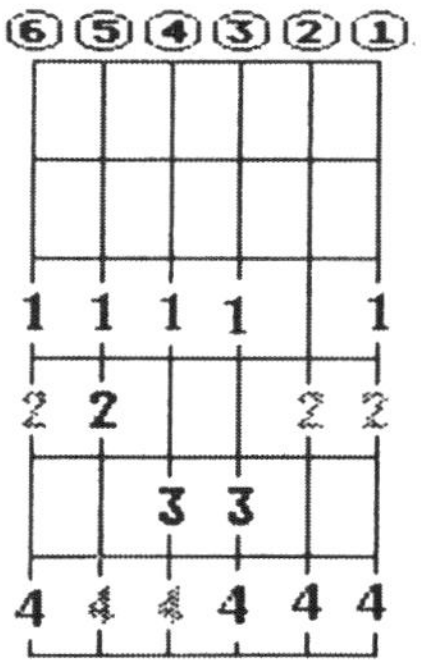

# Modale Pentatonik

Neben der einfachen Reduzierung der Kirchentonleitern zur Dur-, bzw. Moll-Pentatonik gibt es noch Pentatonikformen, die die modalen Besonderheiten berücksichtigen (z.B. ionisches Intervall maj$^7$; lydisches Intervall #11 usw.). Ich möchte sie aus diesem Grunde als **"modale Pentatonik"** bezeichnen. Diese modalen Pentatoniken sind zwar nicht so gängig, haben aber ihren besonderen Reiz. Ergänze die fehlenden Positionen und experimentiere mal ein bißchen mit den modalen Pentatoniken unter Verwendung der zu den Modi vorgeschlagenen Akkordfolgen.

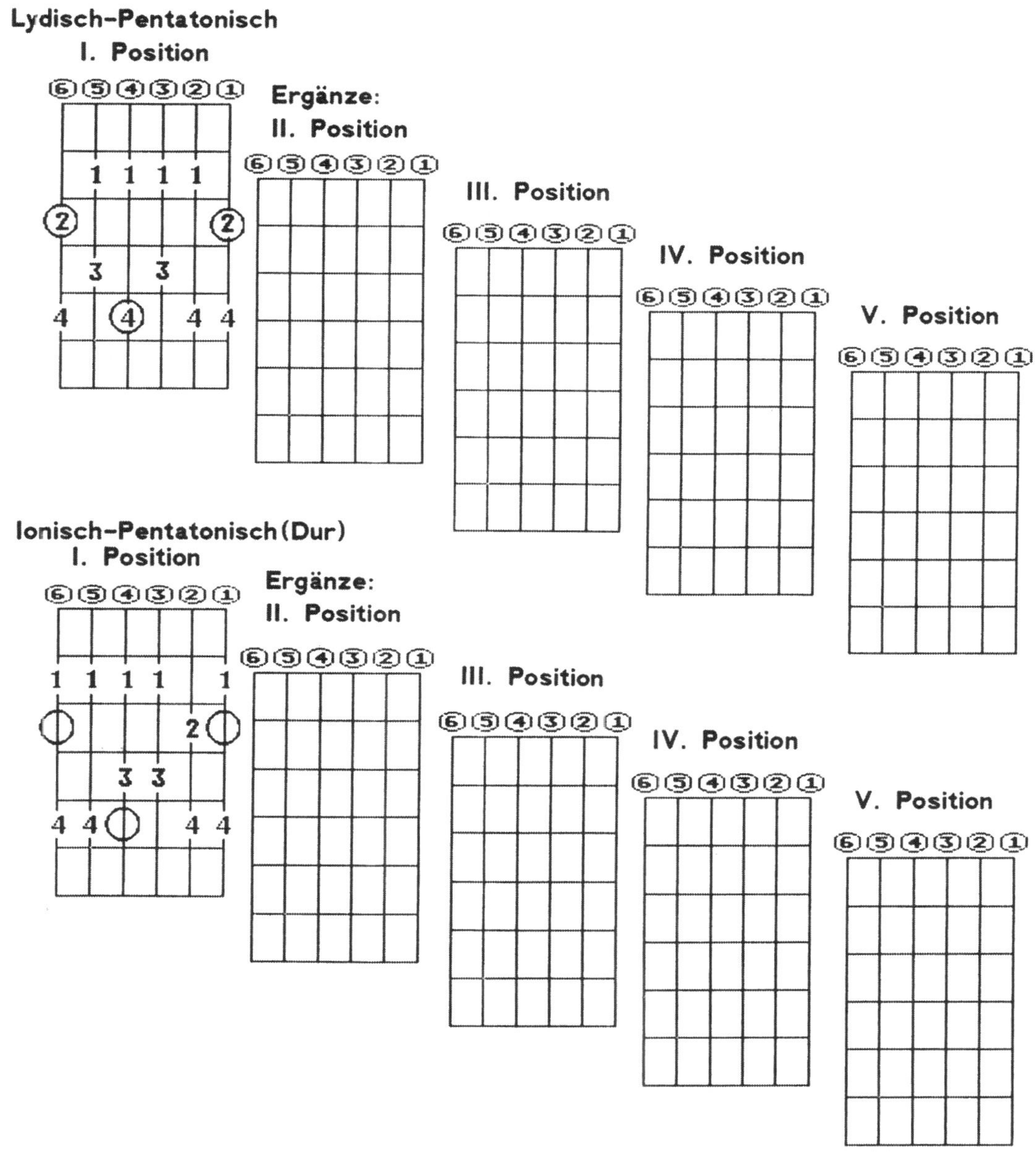


Wie du siehst, fehlt dem ionisch-pentatonischen Modus der Grundton, was aber dieser Skala ihren besonderen Reiz gibt.

Mixolydisch-Pentatonisch

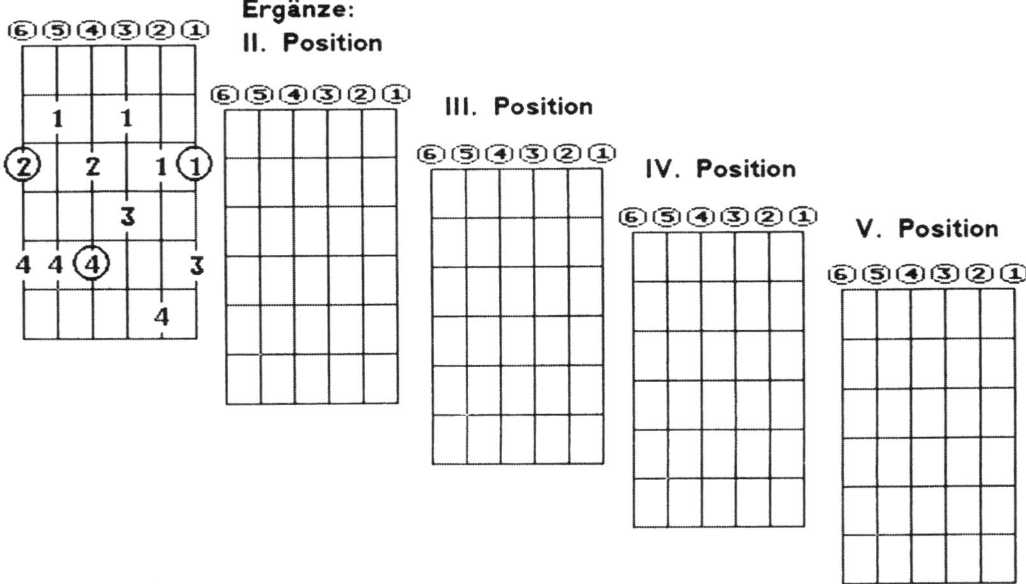


Dorisch-Pentatonisch

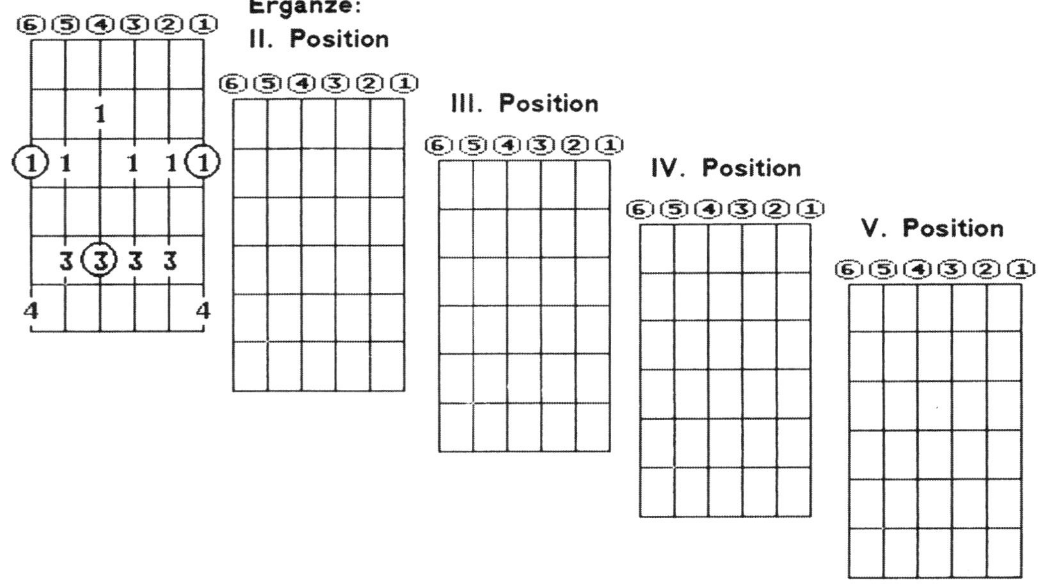

Äolisch-Pentatonisch

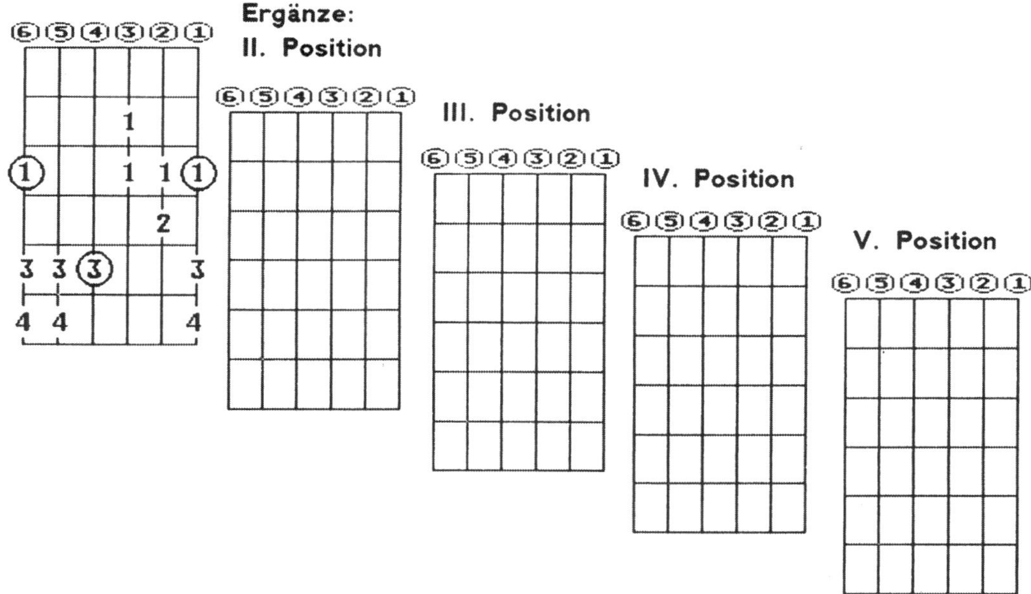


Phrygisch-Pentatonisch

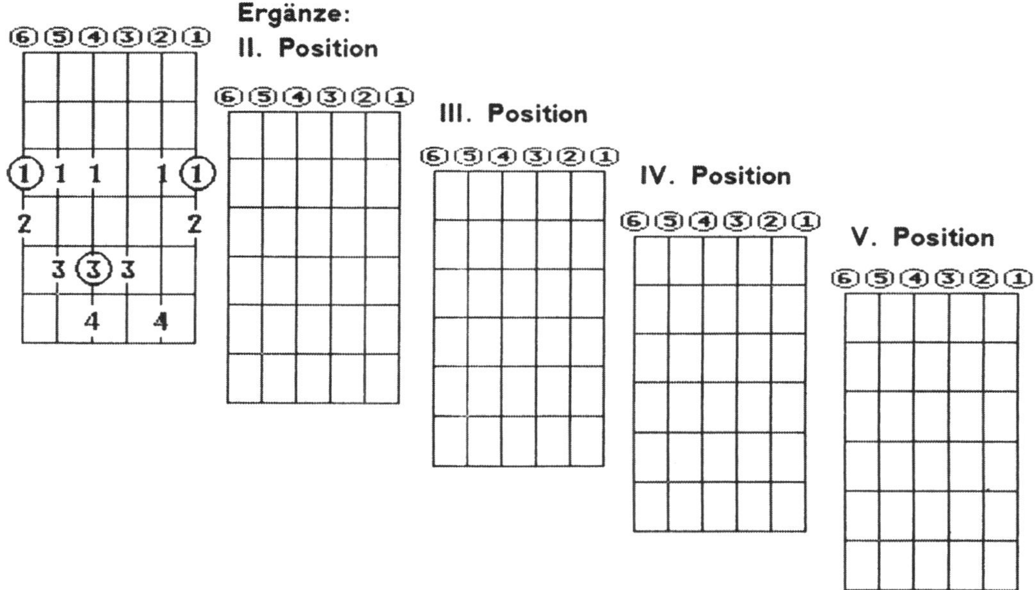

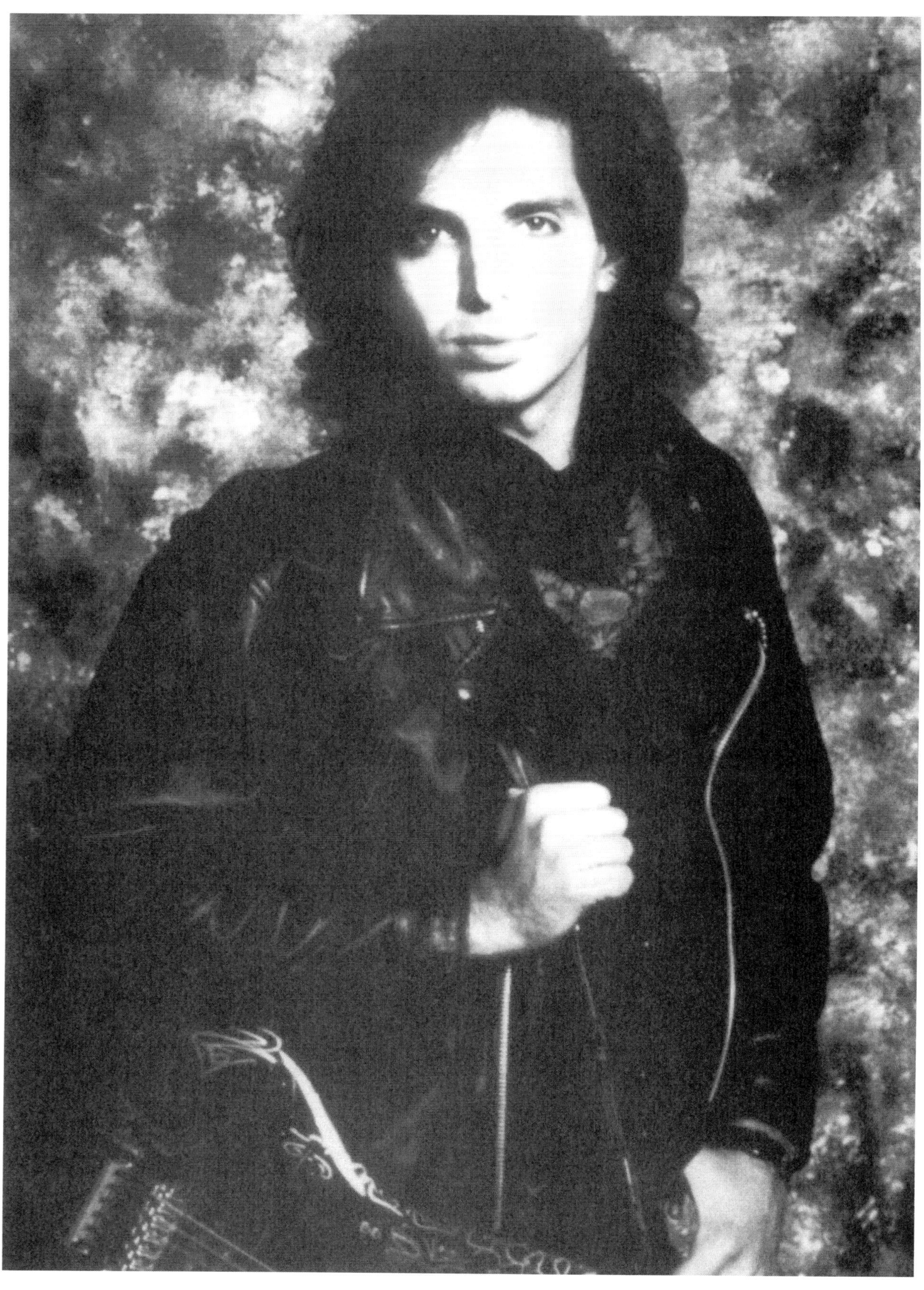

*Joe Satriani* (I.R.S.-Intercord/Relativity/MFN)

# DIE SYMMETRISCHEN SKALEN

# Ganztonleiter

Die Ganztonleiter besteht - wie der Name schon sagt - ausschließlich aus aufeinanderfolgenden Ganztonschritten. Innerhalb des Oktavraumes befinden sich lediglich sechs Ganztonschritte:

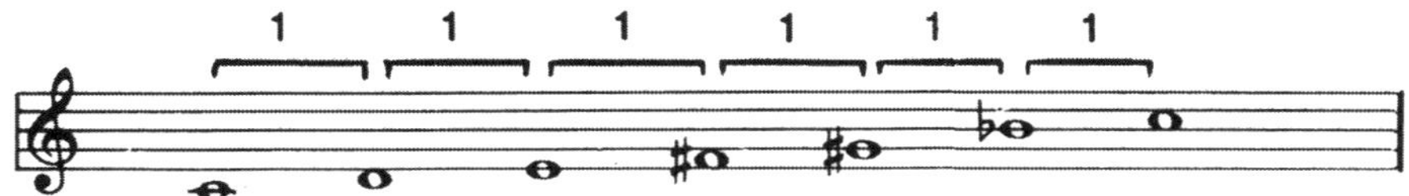


Die Ganztonleiter findet ausschließlich über Dominantakkorden Anwendung.

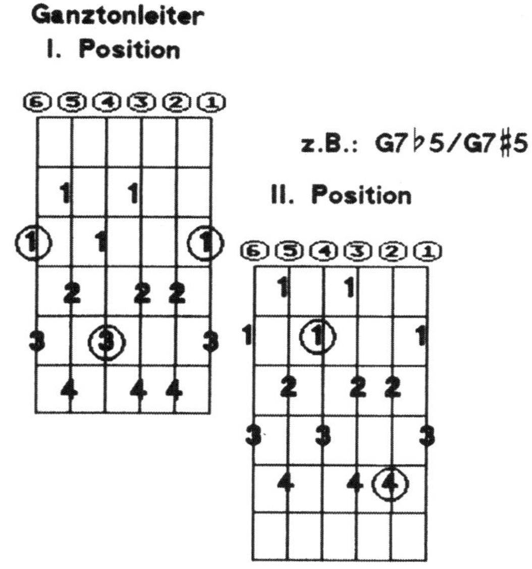


Da diese Tonleiter eine symmetrische Struktur aufweist, verändert sich der Fingersatz für die II. Position sowie für die folgenden Positionen nicht. Jeweils im Abstand von zwei Bünden liegt die nächste Position, so daß hier mehr als 5 Positionen vorliegen. Desweiteren kann jeder Ton zum Grundton werden, so daß die Ganztonleiter über G7♯5, A7♯5, B7♯5, D♭7♯5, E♭7♯5 und F7♯5 gespielt werden kann.

# Ganzton-Halbtonleiter

Die Ganzton-Halbtonleiter entsteht, indem Ganztöne und Halbtöne abwechselnd aneinandergereiht werden. Dadurch umfaßt sie insgesamt acht Töne innerhalb des Oktavraumes. Durch den ständigen Wechsel zwischen Ganz- und Halbtonschritten erzeugt die Ganzton-Halbtonskala ebenso wie ihre Umkehrung, die Halbton-Ganztonskala (vgl. S. 68) starke Spannung und findet vorwiegend über verminderten Akkorden Anwendung (z. B. $G^{o}$, $G^{o7(b13)}$).

**Ganzton-Halbtonleiter (GT/ HT)**

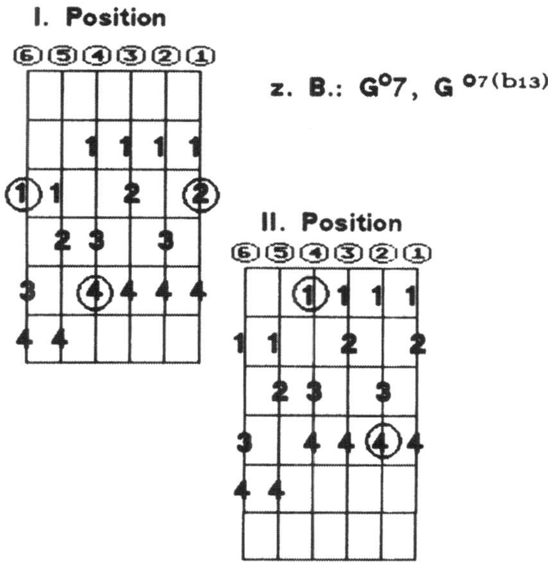


Der Fingersatz der I. Position ist wiederum identisch mit der II. Position und den weiteren, wird aber jeweils um drei Bünde versetzt. Hier kann jeder Ton, der nach dem Halbton kommt, zum Grundton ernannt werden, so daß in unserem Falle neben $G^{o}7$ auch $B\flat^{o}7$, $D\flat^{o}7$ und $E^{o}7$ in Frage kämen.

# Halbton-Ganztonleiter

Die Halbton-Ganztonskala ist die Umkehrung der Ganzton-Halbtonskala. Auch für sie gilt ein Umfang von acht Tönen allerdings im Wechsel von Halbton- und Ganztonschritten. Aufgrund des gleichzeitigen Vorkommens von Dur- und Moll-Terz wird die Halbton-Ganztonleiter vorwiegend über Dominantseptakkorden (z. B. $G^{7b9}$ , $G^{7\#9}$ ) eingesetzt.

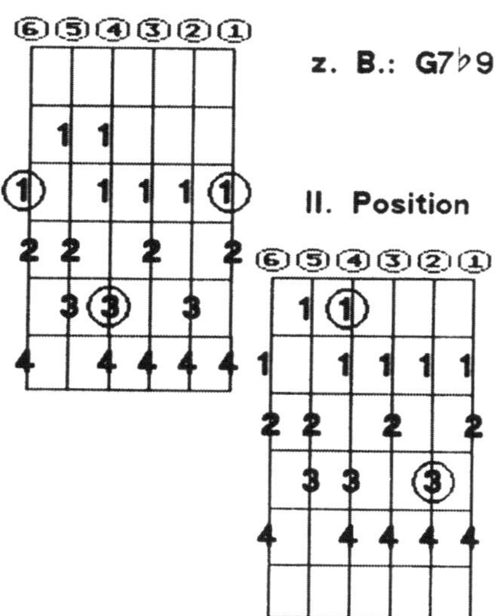


Auch hier erübrigt es sich, alle Positionen darzustellen, da die Griffbilder identisch sind. Jeder Ton, der einen Halbton über sich hat, kann Grundton sein, so daß auch B♭7♭9, D♭7♭9 und E7♭9 zur obigen Leiter passen.

# WEITERE SKALEN

# Harmonisch Moll

Harmonisch Moll gehört zu den in der Rockmusik seltener vorkommenden Tonleitern. Dennoch hat diese Tonleiter ihren besonderen Reiz, da gegenüber der äolischen, natürlichen Molltonleiter der 7. Tonleiterton einen Halbton erhöht wird. Der daraus resultierende Halbtonschritt zwischen dem 7. und 8. Ton (Leitton) hat harmonische Funktion, da der Akkord auf der V. Stufe durch die Erhöhung anstatt der Moll-Terz eine Dur-Terz erhält. Aus dieser harmonischen Funktion erhält die harmonische Molltonleiter ihren Namen. Ihr besonderer Reiz liegt in ihrem orientalischen Charakter. Durch die Erhöhung des 7. Tonleitertones entsteht zwischen dem 6. und 7. Ton eine übermäßige Sekunde (drei Halbtonschritte). Setze dieses in der arabischen Musik gängige Intervall in deinem Spiel einmal bewußt ein. Du wirst die orientalische Färbung sofort erkennen.

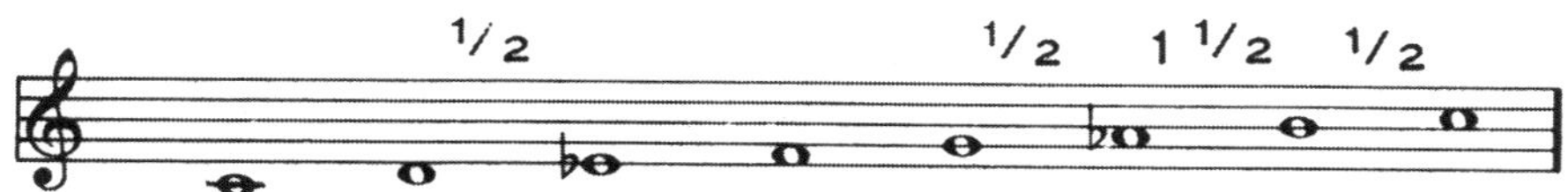


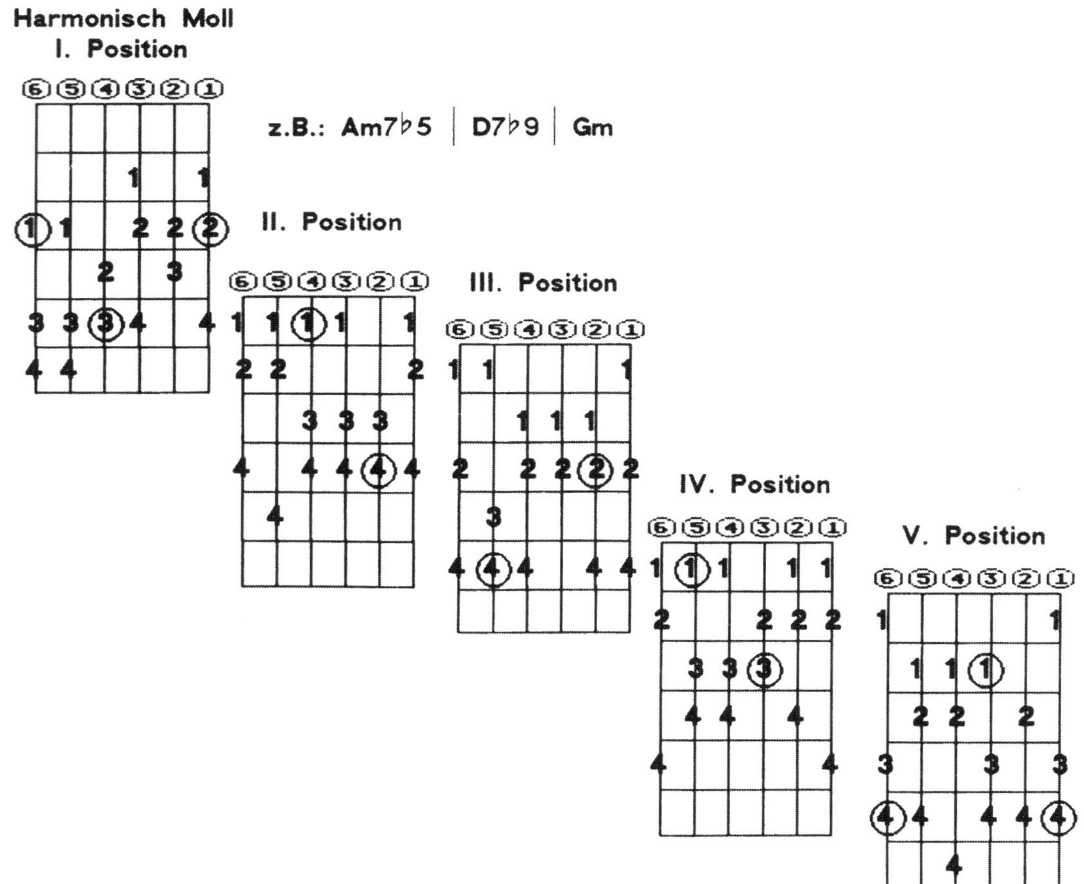

# H.M.5 Skala

Die **H. M. 5 - Skala** ist eine von der harmonischen Moll-Tonleiter abgeleitete Skala. Sie wird auf der V. Stufe von Harmonisch-Moll gebildet (H.M.5) und gilt als die Haupt-Dominantskala in Moll-Tonarten und deren Kadenzen.

C-Harmonisch Moll

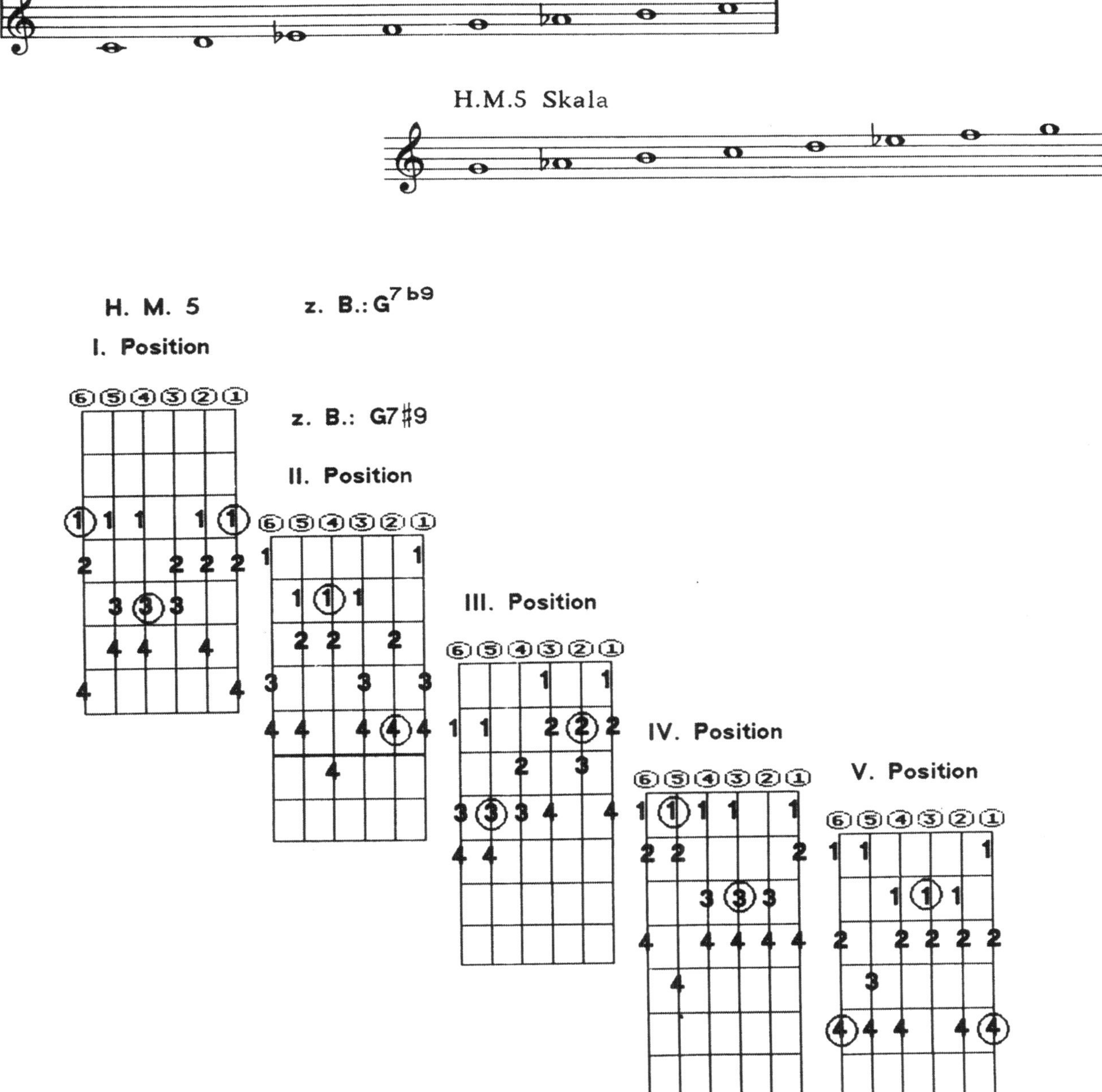

# Melodisch Moll

Melodisch Moll entsteht durch den Ausgleich des für Harmonisch Moll charakteristischen Intervalls zwischen der 6. und 7. Tonstufe. Das bedeutet, daß in der melodischen Molltonleiter auch der 6. Skalenton um einen Halbton erhöht wird. Damit unterscheidet sich Melodisch Moll nur noch durch den Halbtonschritt zwischen dem 2. und 3. Skalenton von der Dur-Tonleiter. Die letzten fünf Töne sind identisch.

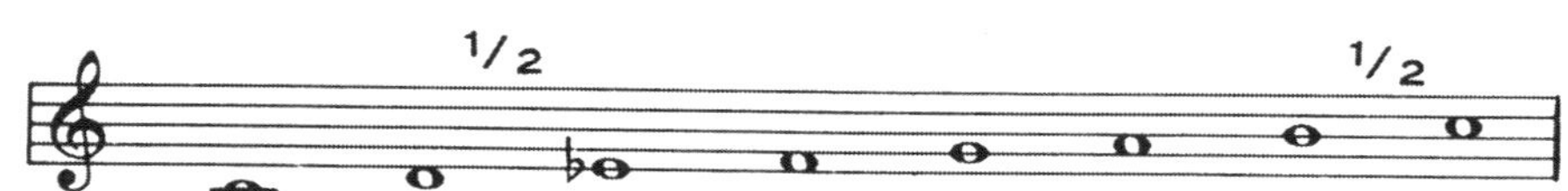


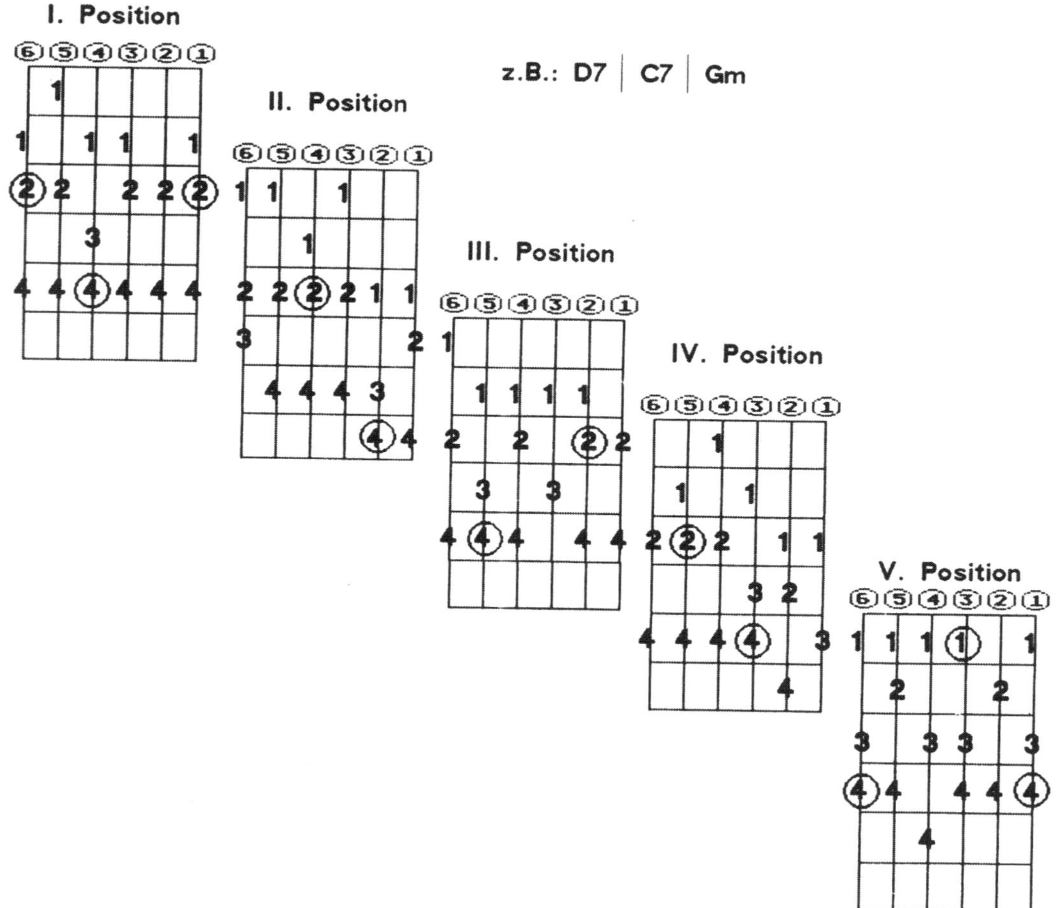

# Mixo #11 Skala
# (Lydian b7 Scale)

Bildet man auf der IV. Stufe der Melodisch Moll-Tonleiter eine Skala, so erhält man die **Mixolydisch #11-Skala (Mixo #11)**, die häufig auch als **Lydian b7** (Lydian flat seven) bezeichnet wird. Die Quarte des mixolydischen Modus wird hier um einen Halbton zur übermäßigen Quarte erhöht (#11), während vom lydischen Modus aus betrachtet die große Septime (maj$^7$) um einen Halbton zur kleinen Septime (7) erniedrigt wird. **Mixo #11** bzw. **Lydian b7** gehören damit zu den Dominantskalen, die über Dominantseptakkorden wie z. B. G $^{7\#11}$ spielbar sind.

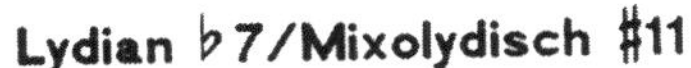


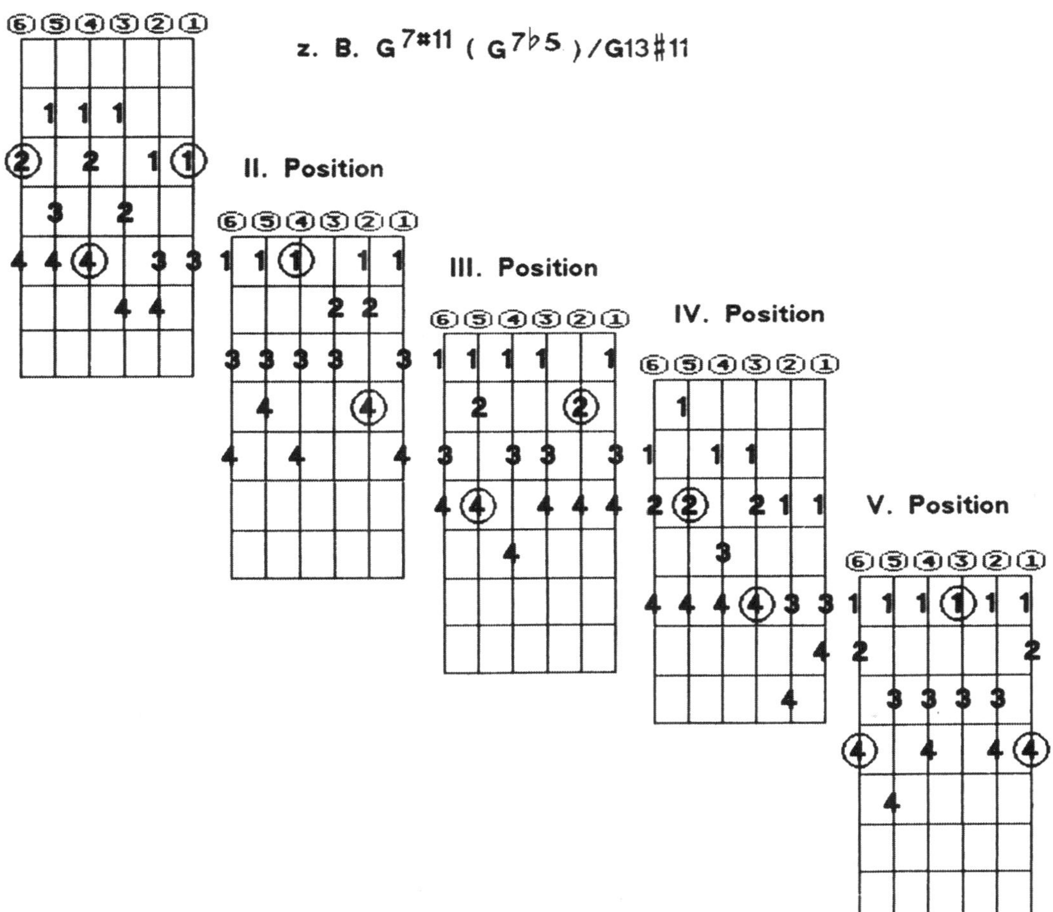

Über die Harmonien des nachfolgenden Blues kannst du die einzelnen Skalen und deren Wirkung ausprobieren. Nimm dir die Akkordfolge auf Band auf oder bitte einen Freund, mit dir zusammen zu spielen.

# Extended Blues

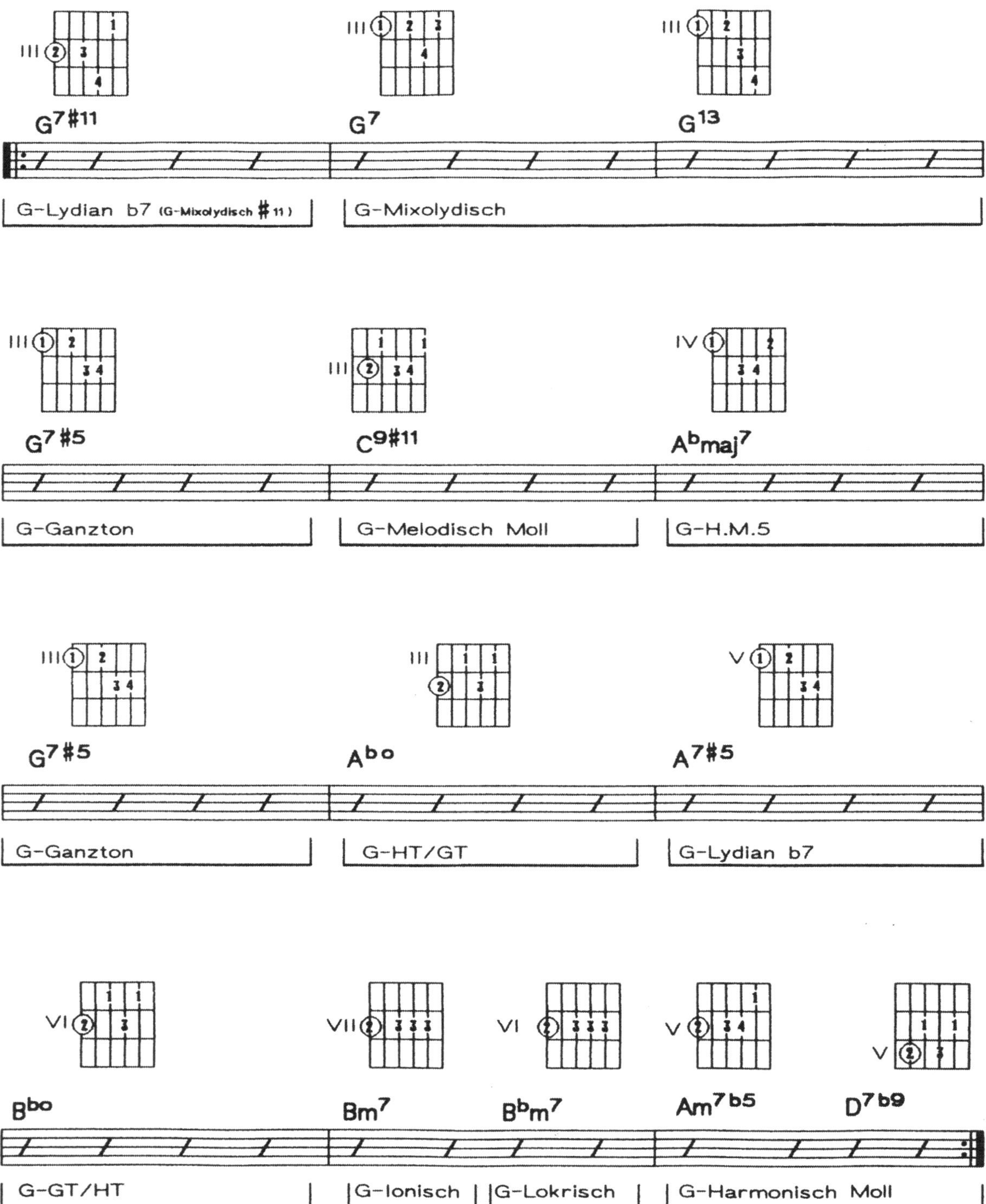

Die neue Harmonielehre

FRANK HAUNSCHILD

Ein musikalisches Arbeitsbuch für Klassik, Rock, Pop und Jazz

AMA VERLAG

AMA VERLAG ISBN 3- 927190-00-4 136 Seiten

# Die neue Harmonielehre

## von FRANK HAUNSCHILD

*"Ich habe Frank Haunschild kennengelernt, als er an der Musikhochschule in Köln studierte. Ich bin sehr froh darüber, daß wir jetzt in der Jazzabteilung Kollegen sind. Er ist ein vielseitiger Musiker ersten Ranges und dieses Buch stellt eine weitere Bestätigung seiner Qualitäten dar.*
*"Die Neue Harmonielehre" ist sehr übersichtlich und umfangreich. Es ist logisch aufgebaut, interessant und leicht zu verstehen. Ich wünschte, daß es ein Buch dieser Art schon früher gegeben hätte. Dieses Buch wird für alle Musiker, Studenten und Lehrer eine große Hilfe sein."*
PROFESSOR JIGGS WIGHAM
(Leiter der Jazzabteilung der Staatlichen Hochschule für Musik, Köln)

*"Frank Haunschild ist ein vollkommener Musiker, ein sensibler Mensch und ein Meister der Kommunikation. Ich empfehle jedem Musiker, sich näher mit diesem Buch zu beschäftigen. Es wird eine große Hilfe dabei sein, die Hindernisse beim Erlernen von Musik zu beseitigen. Ich bin sicher, daß man mit diesem Wissen und Franks durchdachter Anleitung einen großen Schritt nach vorne machen kann."*
ADAM ROSENBAUM
(Direktor des International Music Seminars, Los Angeles)

# Die Rhythmik-Lehre

## von EDDY MARRON

*"Ein außergewöhnliches musikalisches Arbeitsbuch – Eddy Marron ist es wirklich gelungen, eine erstklassige und logisch aufgebaute Rhythmiklehre zu schreiben. Jeder Leser wird mit Hilfe der Rhythmik-Lehre sein Wissen vertiefen und seinen Umgang mit der Rhythmik vervollkommnen können."*
CURT CRESS
(Internationaler Schlagzeuger)

*"Mit großer Freude habe ich das Buch von Eddy Marron gelesen. Nach meiner Erfahrung liegt die Schwäche der meisten Musiker auf dem Gebiet der Rhythmik. Die Methode dieses Buches ist für alle Instrumentalisten, Sänger und Tänzer hervorragend geeignet, rhythmische Schwächen zu beseitigen.*
*Durch diese "Rhythmiklehre" ist eine große Lücke im Literaturangebot der Musikpädagogik geschlossen worden. Ich bin davon überzeugt, daß alle Musiker und Musikstudenten von diesem Buch sehr profitieren werden."*
PROFESSOR JIGGS WHIGHAM
(Leiter der Jazzabteilung an der Musikhochschule Köln)

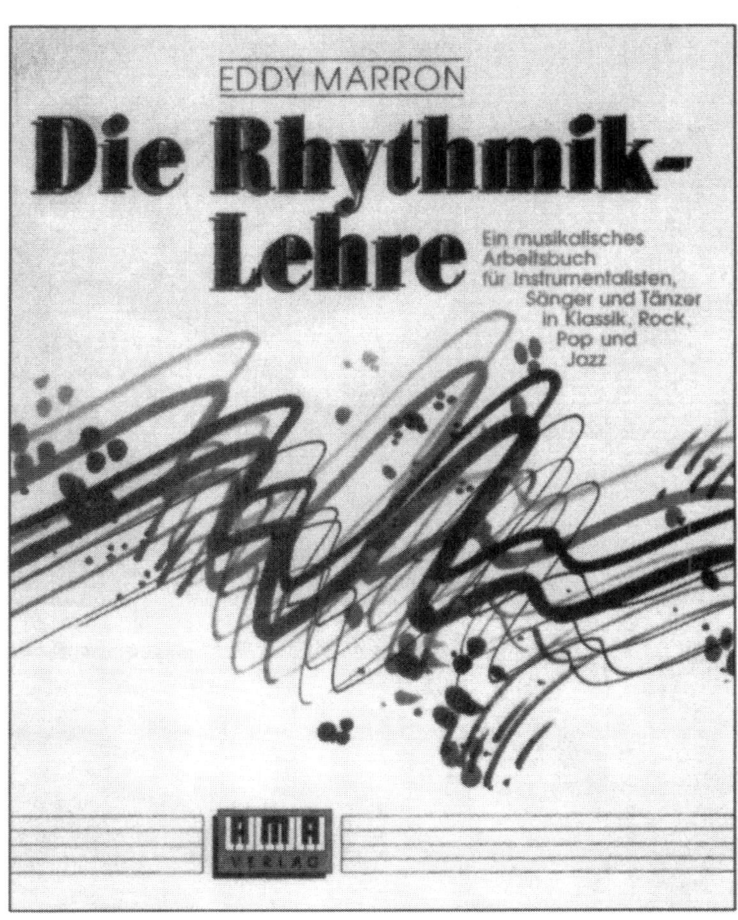


AMA VERLAG ISBN 3- 927190-01-2 176 Seiten

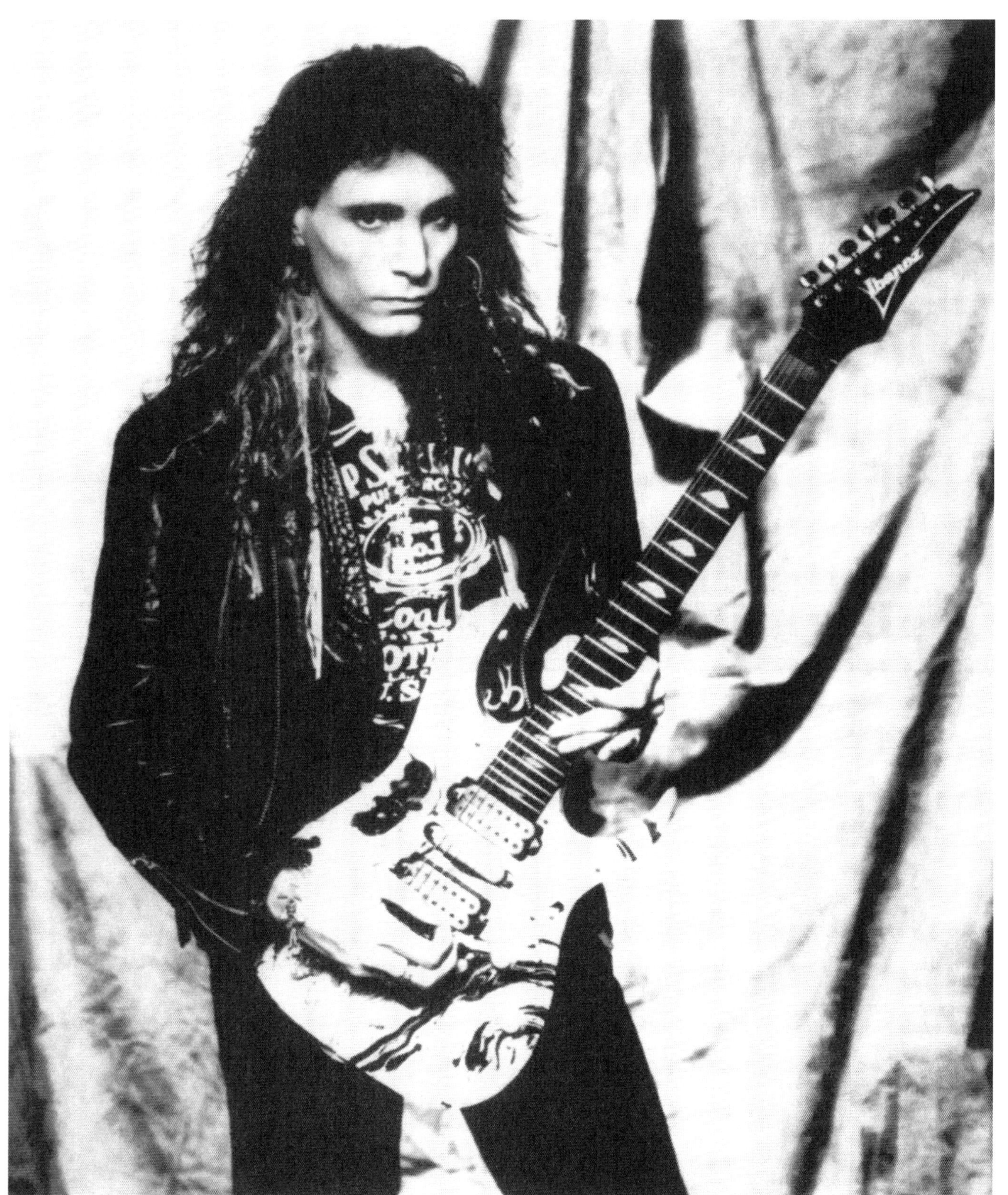

Photo by Jim Hagopian

*Steve Vai* (I.R.S.-Intercord/Relativity/MFN)

# TAPPING SPECIAL

*Die Skalen unter*
*Anwendung der Tappingtechnik*

# Die Tappingtechnik

Für das Tapping (to tap – antippen, klopfen) bieten sich die 5 Positionen besonders gut an. Wir wollen unterscheiden zwischen dem **Einfinger-Tapping** und dem schwierigeren **Mehrfinger-Tapping**.

## Die Einfinger-Tapping-Technik

Das Einfinger-Tapping ist die bequemere der beiden Tappingvarianten, die auch für den Tappinganfänger relativ schnell zu erlernen ist.

Ähnlich wie beim Hammer On der linken Hand (vgl. S. 18 ff.) "hämmert" beim Einfinger-Tapping der Zeigefinger (ohne Plektrum) oder der Mittelfinger (Daumen und Zeigefinger halten das Plektrum) zunächst mit der Fingerkuppe senkrecht von oben auf die Saite (Tap).

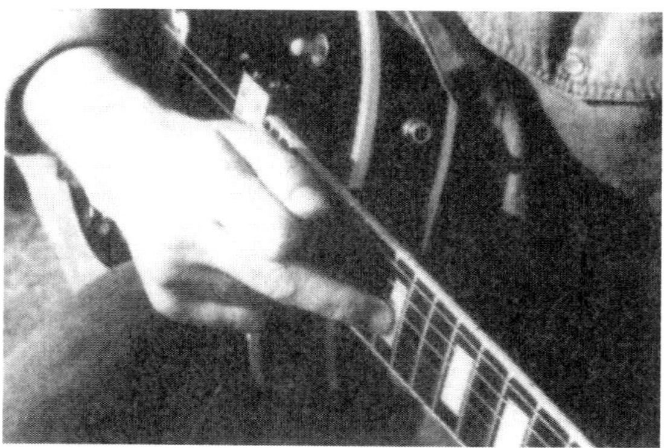

Danach ziehst du die Fingerkuppe wie beim Pull Off der linken Hand wieder seitlich von der Saite ab (Pull Off).

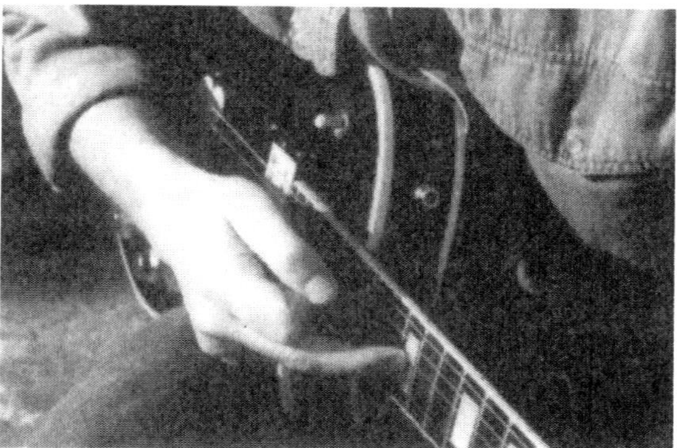

Dadurch entsteht eine flüssige Folge von zwei Tönen (Tap und Pull Off), die du durch Hammer Ons und Pull Offs in der linken Hand erweitern kannst.

# Die Dur-Tonleiter mit der Einfinger-Tapping-Technik

Schau dir die I. Position der Dur-Tonleiter genau an.

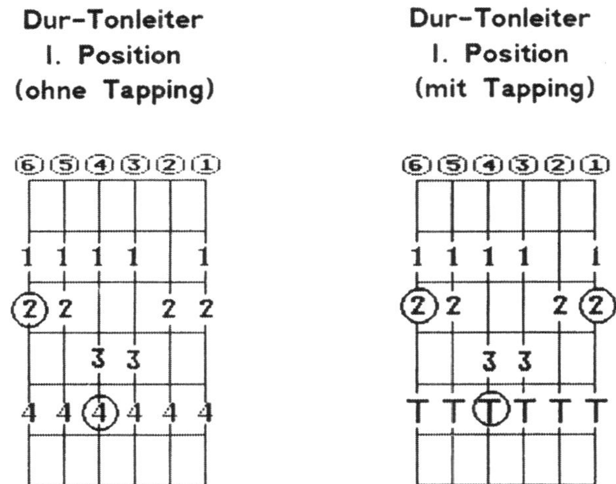


Angenommen, du willst die I. Position in G-Dur aufwärts spielen, so "hämmerst" du mit dem Zeigefinger (1. Finger) der linken Hand auf die tiefe E-Saite (⑥) im 2. Bund, dann mit dem Mittelfinger (2. Finger) der linken Hand im 3. Bund und tappst dann mit dem Zeige- oder Mittelfinger der rechten Hand (T) in den 5. Bund. In gleicher Weise verfährst du - unter Beachtung der unterschiedlichen Fingersätze - auch auf den anderen Saiten.

Willst du die Skala abwärts spielen, so beginnst du auf der hohen E-Saite (①) mit dem Tapton im 5. Bund. Danach folgen zwei Pull Offs mit der linken Hand im 3. und 2. Bund usw.

Diese Technik kannst du natürlich je nach gewünschter Tonart in jeden beliebigen Bund verschieben (vgl. ausklappbare ***Griffbrettübersicht*** im Anhang).

Übe die Dur-Tonleiter in allen Positionen:

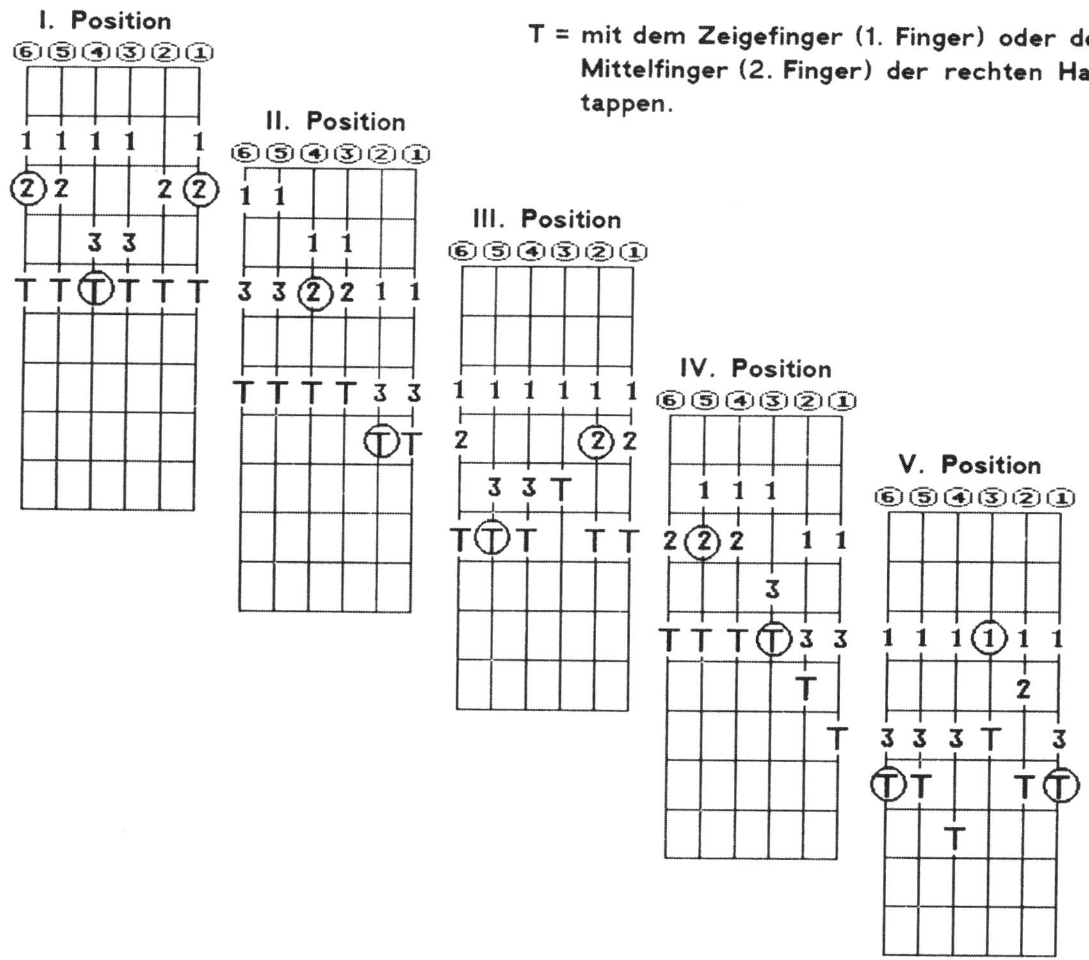


Übe diese Technik erst einmal ganz langsam und achte darauf, daß die Tappings der rechten Hand genauso laut und klar klingen wie die Hammer Ons und Pull Offs der linken Hand. Verwende ein Metronom oder einen Drumcomputer als Tempo- und Taktgeber. In *Eddy Marrons* **Rhythmiklehre** (AMA-Verlag) findest du nützliche Tips zur Arbeit mit Metronom und Drumcomputer.

Wenn du dich sicher in den einzelnen Positionen fühlst, versuche die Dur-Tonleiter über das gesamte Griffbrett, also über mehr als drei Oktaven zu spielen:

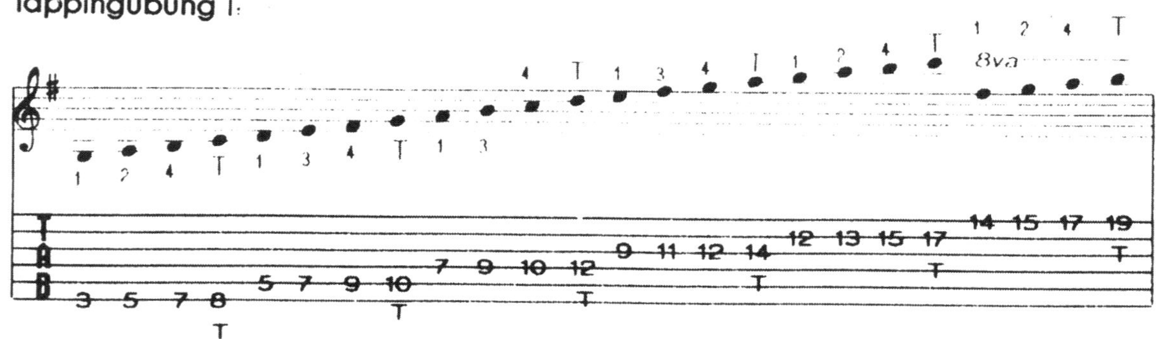


(**8va--- = *klingt eine Oktave höher als notiert.***)

# Die Mehrfinger-Tapping-Technik

Das "Mehrfinger-Tapping" ist eine Weiterentwicklung der Einfinger-Tapping-Technik. Hier haben sich besonders *Jennifer Batten* und *Steve Lynch* hervorgetan. Das Neue an dieser Technik ist, daß mit Ausnahme des Daumens, der auf das Griffbrett gestützt werden kann, alle anderen Finger der rechten Hand beim Tapping zum Einsatz kommen.

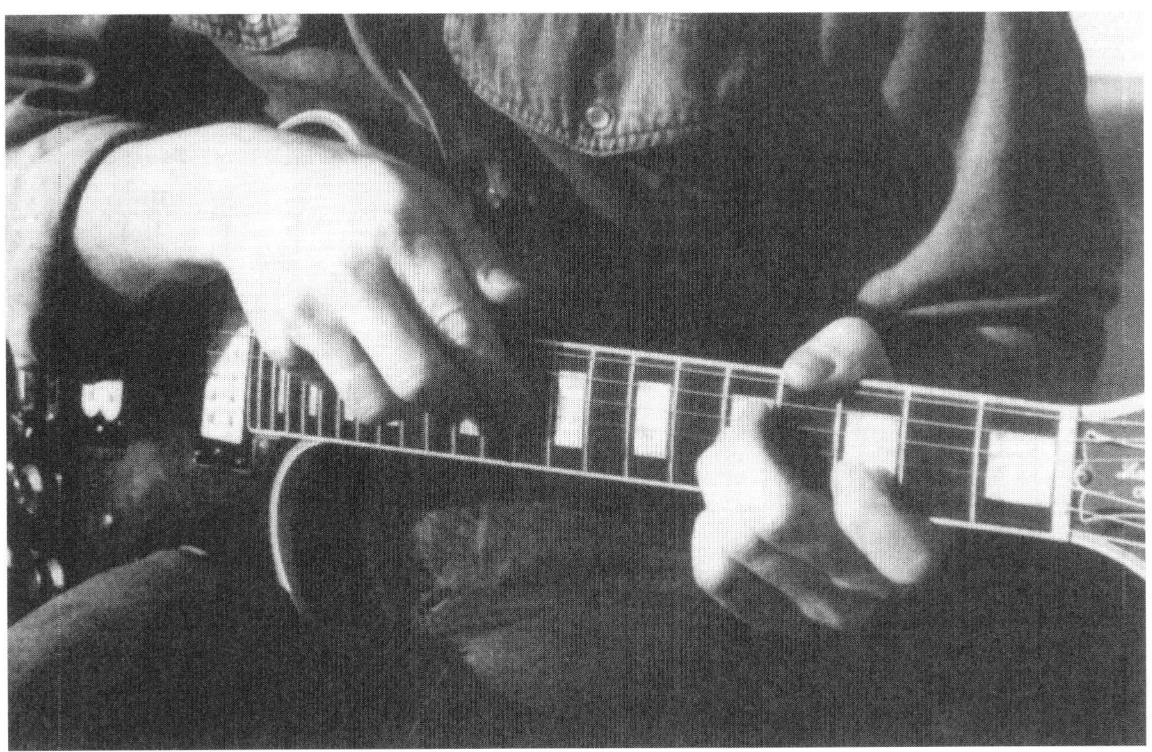

# Die Dur-Tonleiter mit der Mehrfinger-Tapping-Technik

Diese Technik ermöglicht das gleichzeitige Spielen zweier Positionen, mit der Folge, daß jeweils eine Saite übersprungen werden kann.

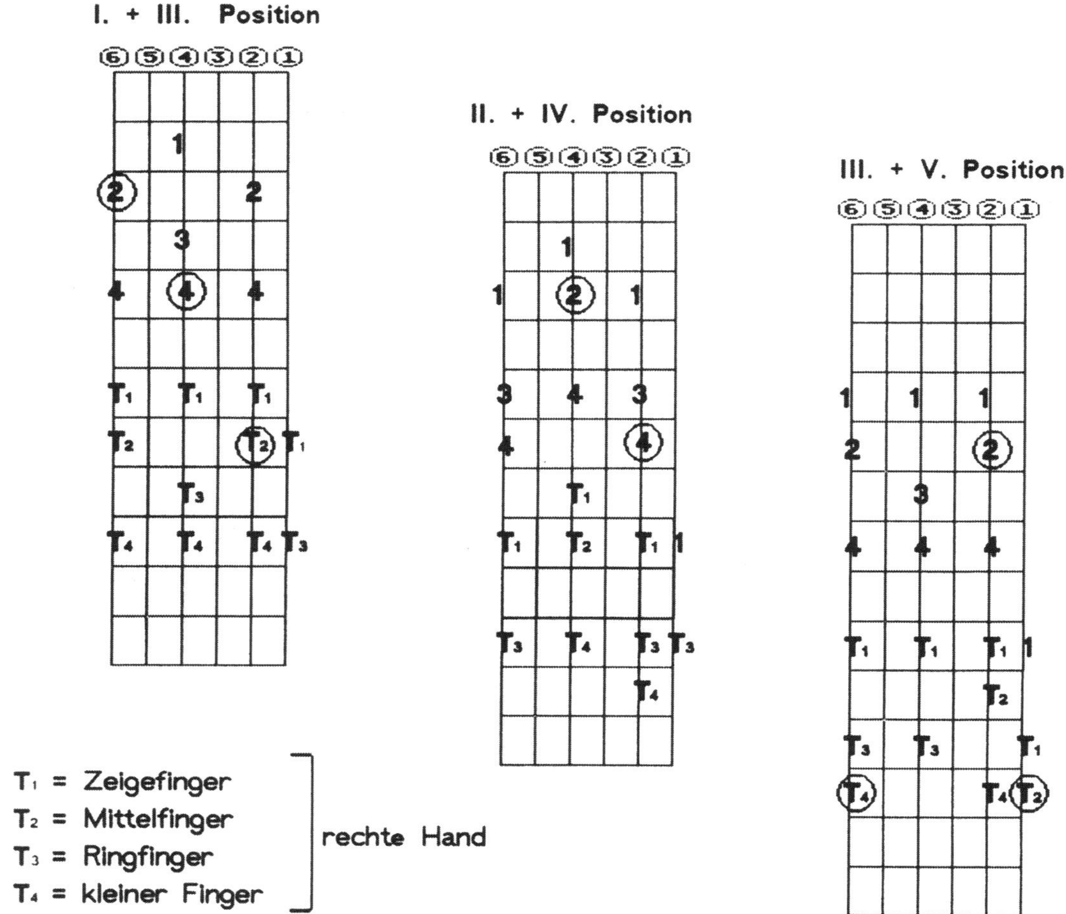


Der folgenden Übung liegen die Positionen I und III zugrunde.

Tappingübung 2:

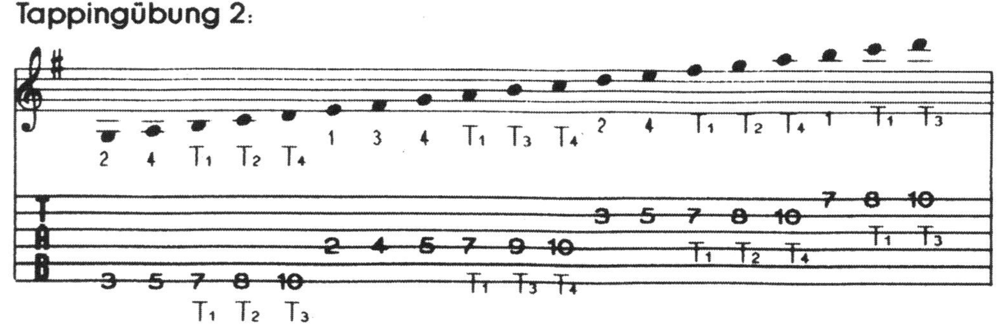

Hier noch einmal die Übung 2 (vgl. S. 7) diesmal mit Tapping unter Verwendung der I. und III. Position. Es können das Ein- (a) oder Mehrfingertapping- (b) verwendet werden.

**Tappingübung 3:**

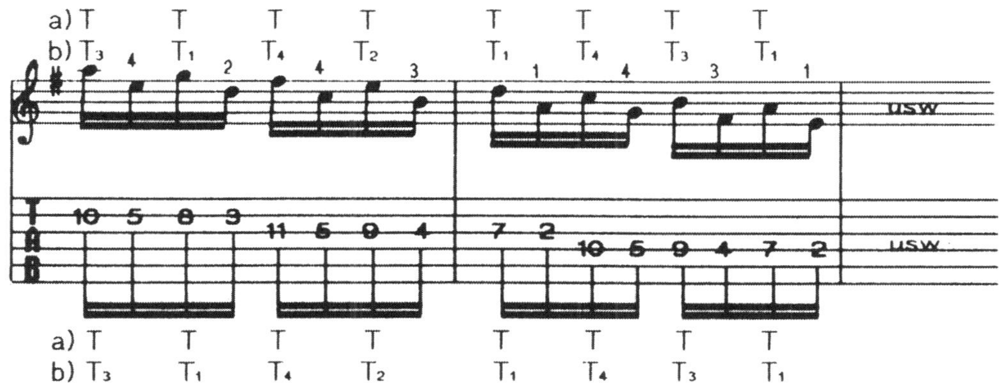

# Die Dur-Pentatonik

Bei den Pentatoniken entstehen durch die Aufteilung der Töne für die linke und rechte Hand leicht überschaubare Griffbilder, wobei ein Ton aus der jeweiligen vorhergehenden Position mitverwendet wird.

***Übungstip:***
*Auch hier wieder langsam einüben. Achte beim Abwärtsspielen der Pentatoniken darauf, die Finger der linken Hand erst umzusetzen, nachdem du mit der rechten Hand getappt hast, damit jeder Ton gleich lang klingt.*

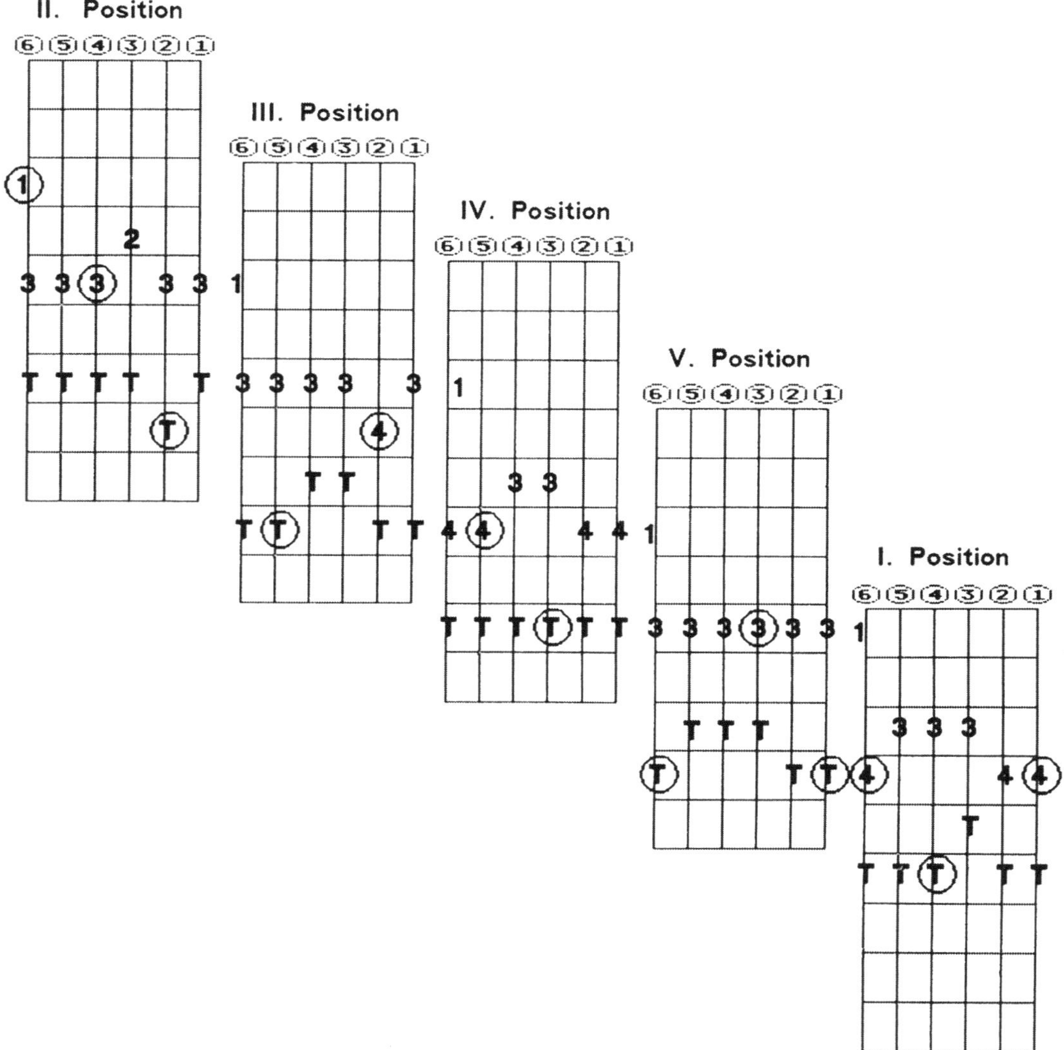

Die folgende Übung ist eine Kombination der II. mit der V. Position. Gleichzeitig soll sie dir als Anregung für weitere Anwendungsmöglichkeiten dienen.

Tappingübung 4:

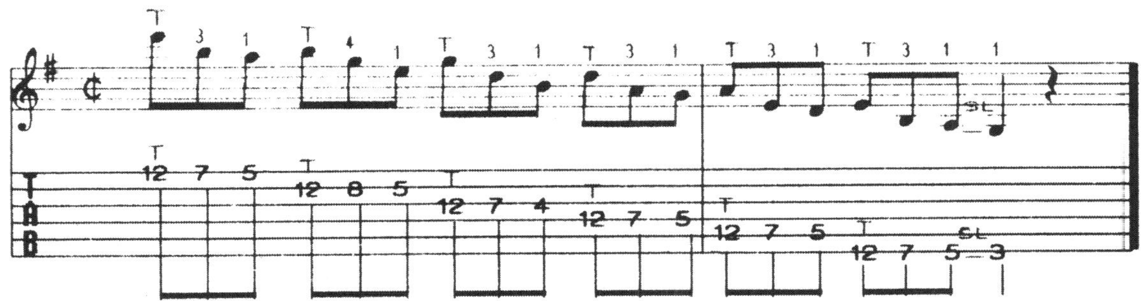

Unten siehst du die Kombinationen der Positionen für das Mehrfinger-Tapping. Vergleiche auch hier wieder mit den Originalgriffbildern.

I. + III. Position

II. + IV. Position

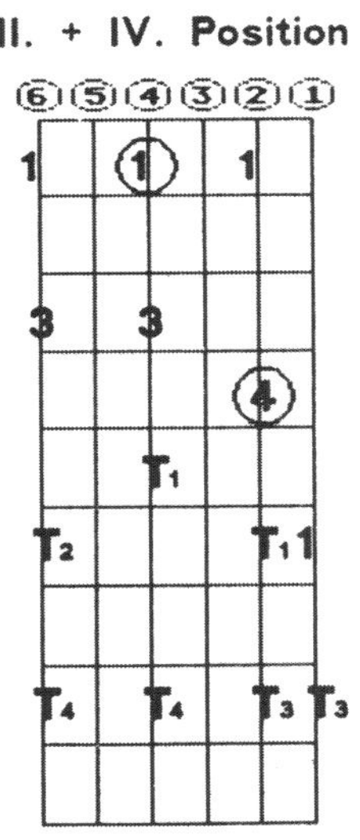

III. + V. Position

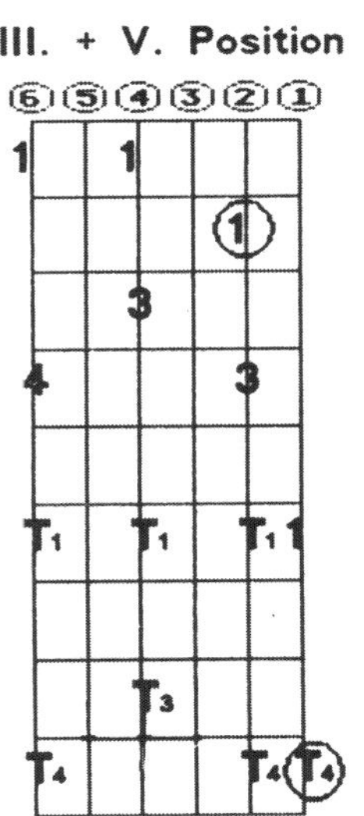

Die folgende Übung ist eine "Auffächerung" der Positionen der Dur-Pentatonik. Denke daran, erst einmal l a n g s a m zu üben.

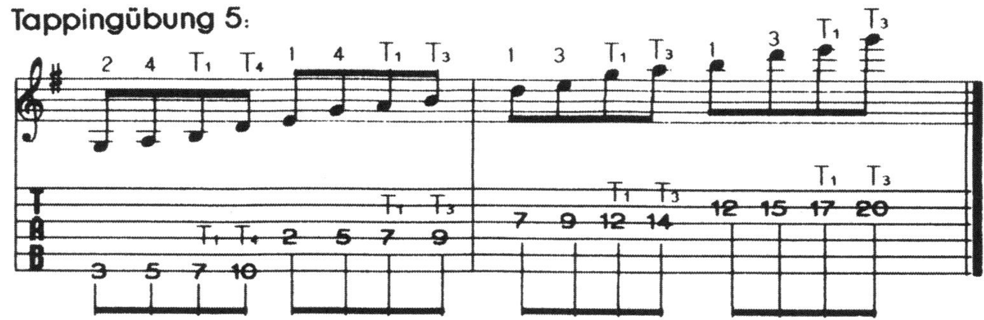


# Die Moll-Pentatonik

Auch hier wird wieder, wie bei der Dur-Pentatonik, ein Ton aus der vorhergehenden Position entlehnt.

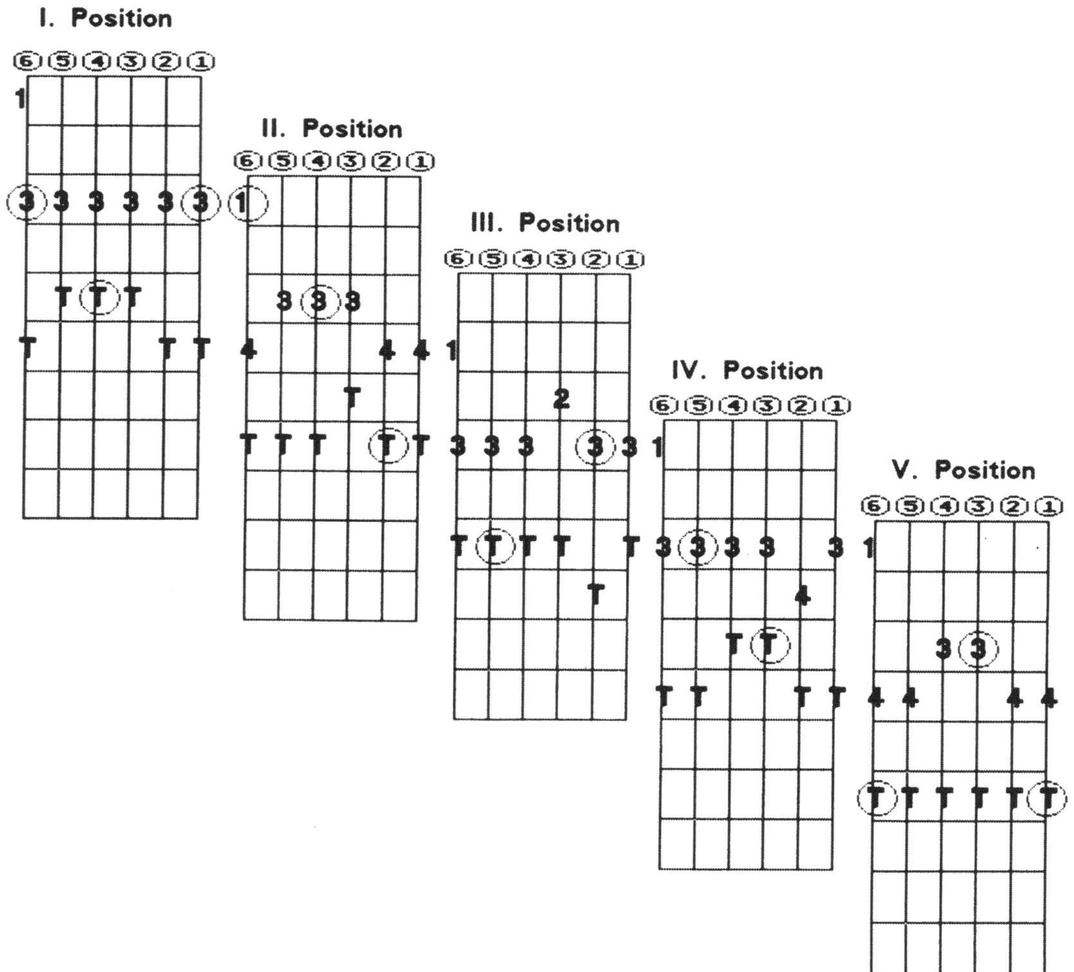

## Tappingübung 6:

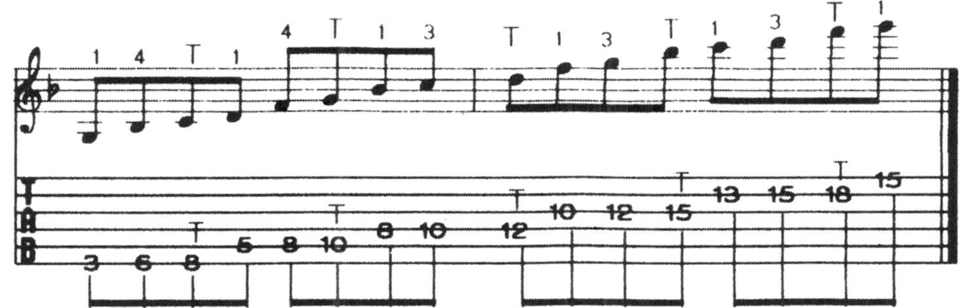

Unten siehst du die Kombinationen der Positionen der Moll-Pentatonik für das Mehrfinger-Tapping. Denke daran, erst einmal langsam zu üben.

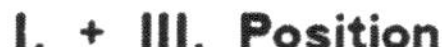

**I. + III. Position**

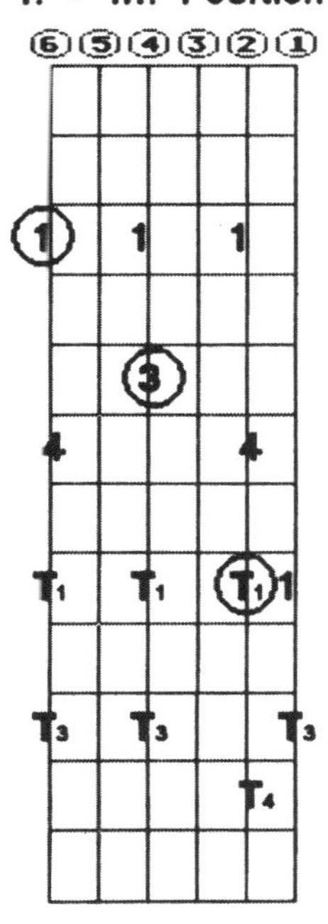

**II. + IV. Position**

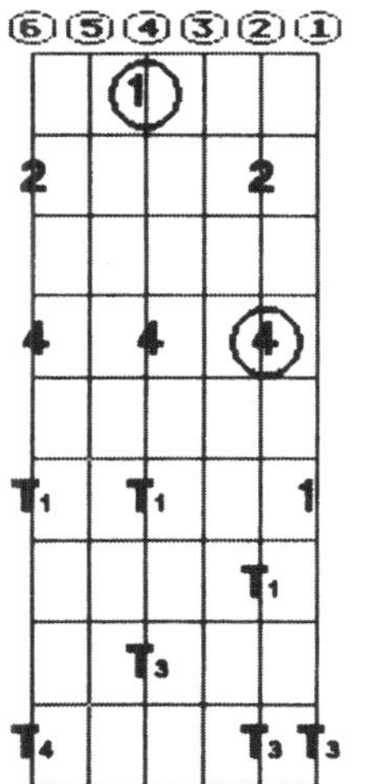

**III. + V. Position**

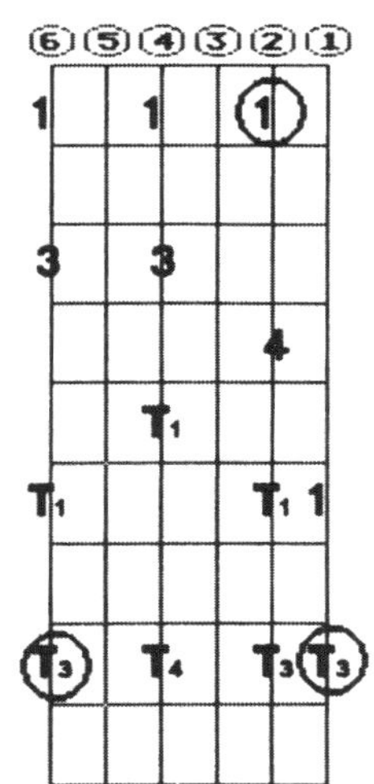

Tappingübung 7:

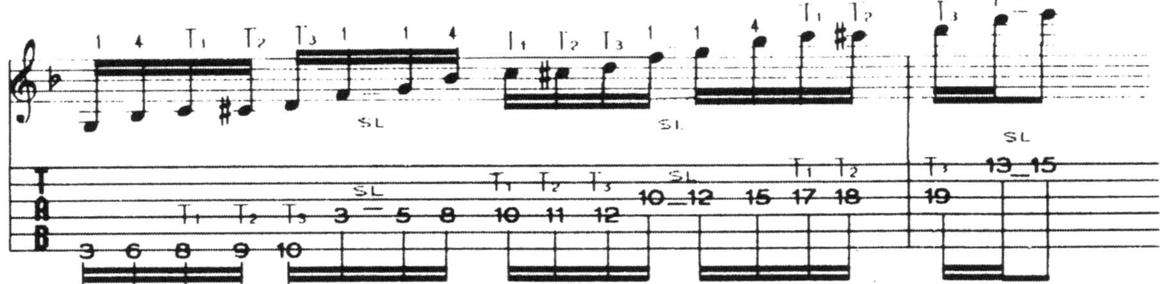

Die gleiche Übung kannst du natürlich auch für die Dur-Pentatonik verwenden, sie würde dann in der V. Position starten.

# Der Dorische Modus

Da du die 5 Positionen bereits beherrschst, wäre es müßig, auch bei den Kirchentonleitern alle Positionen aufzuzeigen. Deshalb beschränke ich mich auf die Darstellung der jeweils zum Modus gehörenden I. Position.

**Einfinger-Tapping**
**I. Position**

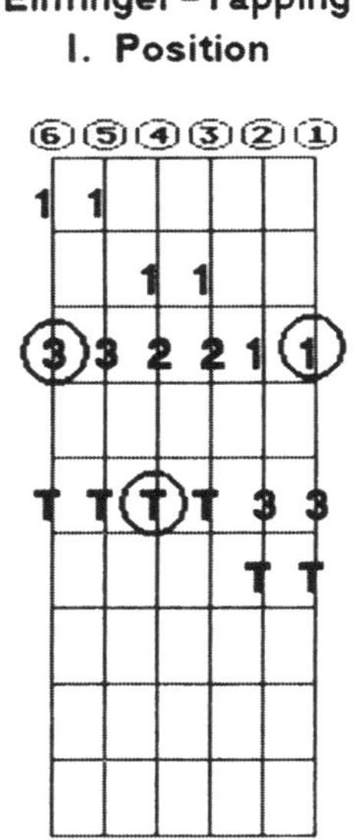

**Mehrfinger-Tapping**
**I. Position**

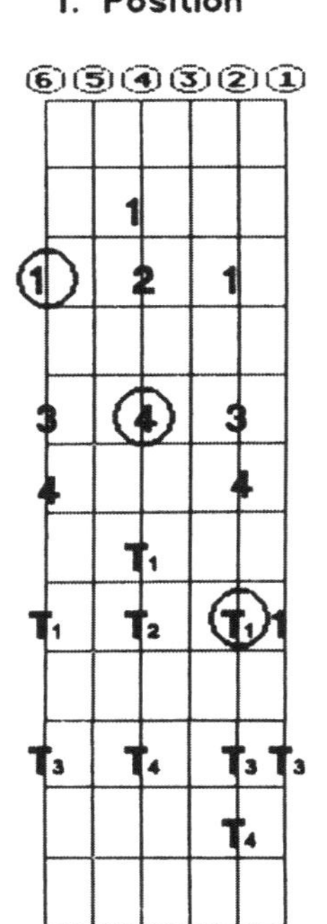

Exotische Skalen kannst du erzeugen, indem du Ausschnitte aus den Positionen wählst (siehe a), oder durch das Verbinden zweier Ausschnitte verschiedener Positionen (a und b) mit Tapping.

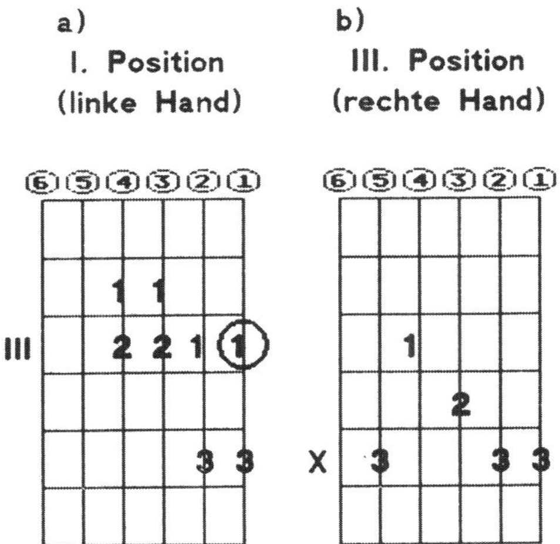


Die Zusammenfügung der obigen Ausschnitte könnte z. B. den folgenden Lauf ergeben:

Tappingübung 8:

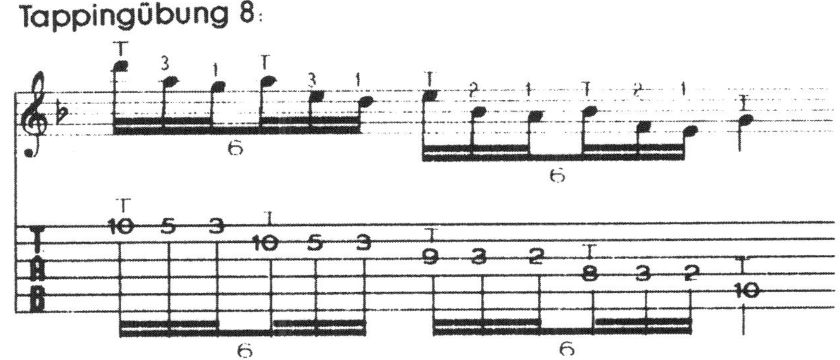

# Der Phrygische Modus

Unten siehst du die I. Position der phrygischen Leiter mit der Einfinger- und Mehrfinger-Tappingtechnik.

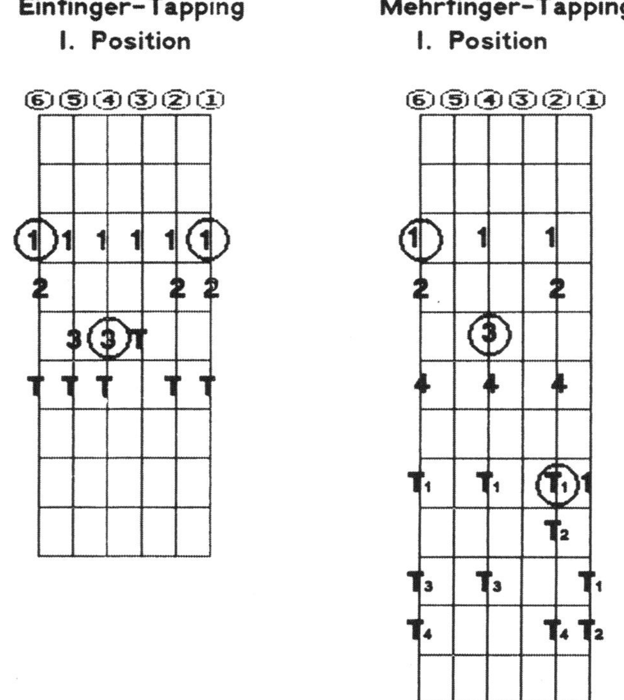


Sehr gut geeignet ist die Tappingtechnik für große melodische Sprünge, wie die folgende Übung zeigt.

Tappingübung 9:

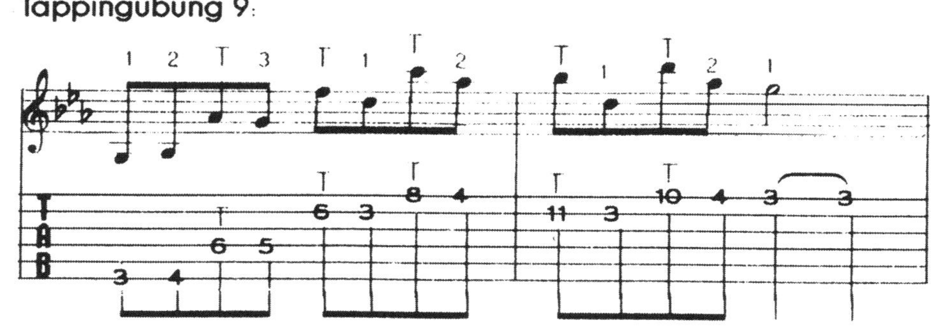

# Der Lydische Modus

**Einfinger-Tapping**
**I. Position**

**Mehrfinger-Tapping**
**I. Position**

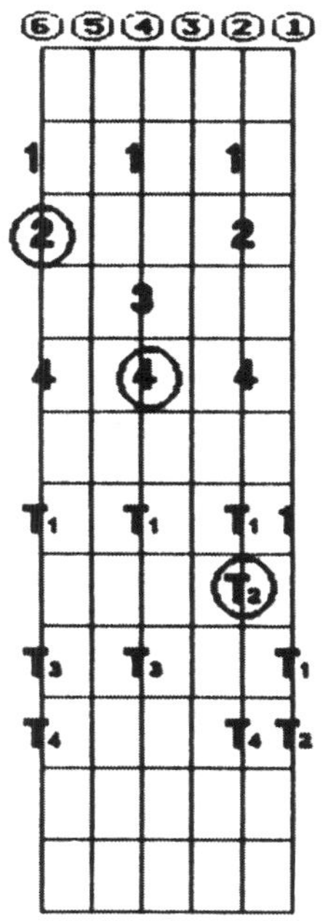

# Der Mixolydische Modus

**Einfinger-Tapping**
**I. Position**

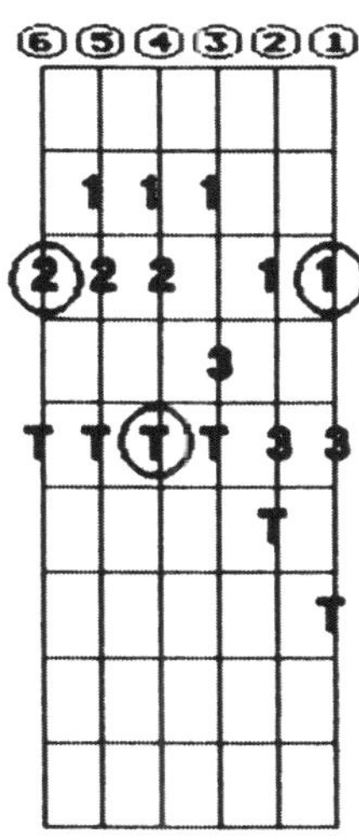

**Mehrfinger-Tapping**
**I. Position**

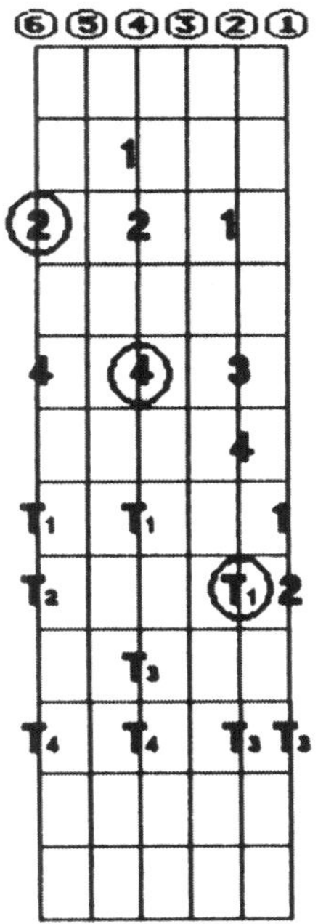

Nimm als Übungsgrundlage für die "getappten" Skalen die Akkordbeispiele, die du schon bei den Originalgriffbildern verwendet hast.

# Der Äolische Modus

Einfinger-Tapping
I. Position

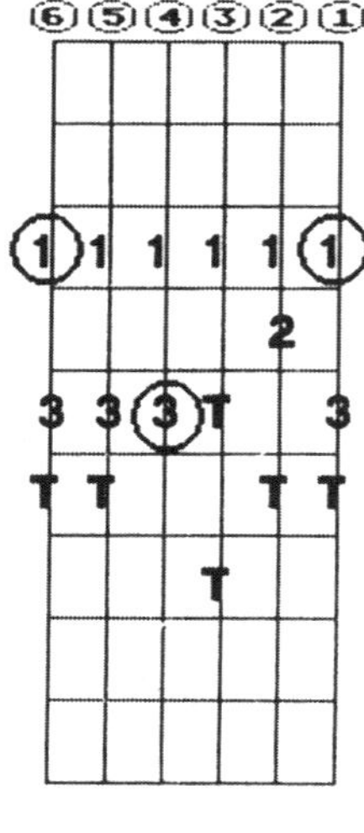


Mehrfinger-Tapping
I. Position

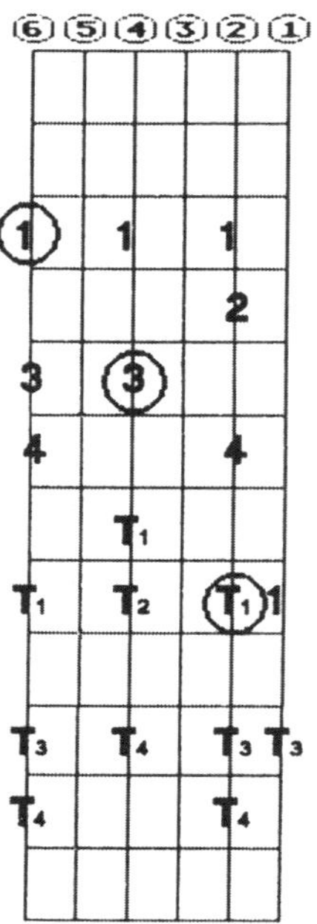


Du kannst natürlich 'bendings', 'slides' usw. in die Tappingarbeit mit einbauen, wobei die 'bendings' meistens von der linken Hand gemacht werden, wie beim folgenden Beispiel, das von ***Steve Lynch*** sein könnte.

Tappingübung 10:

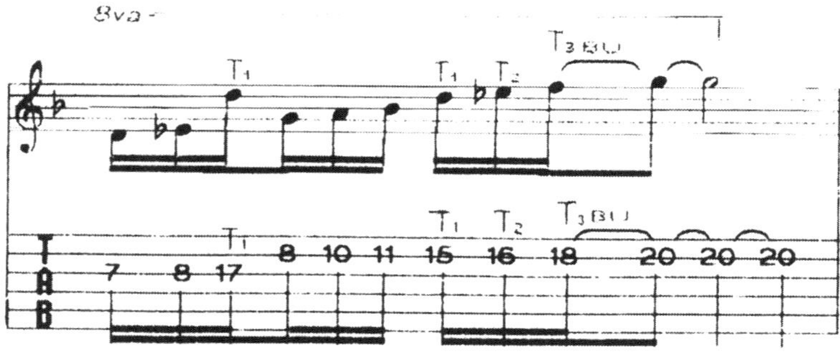


Du hast aber auch die Möglichkeit, mit beiden Händen zu ziehen, indem die linke Hand hochzieht und die rechte runterzieht. Dadurch kannst du den Ton bis zu zwei Ganztöne "hochjagen".

# Harmonisch Moll

Um nicht den Umfang dieses Buches zu sprengen, verzichten wir teilweise auf die Darstellung der Einfinger-Tappinggriffbilder, da diese leicht aus den Originalgriffbildern herauszulesen sind. Du brauchst lediglich den höchsten Ton der jeweiligen Saite als Tapping-Ton zu wählen.

I. + III. Position

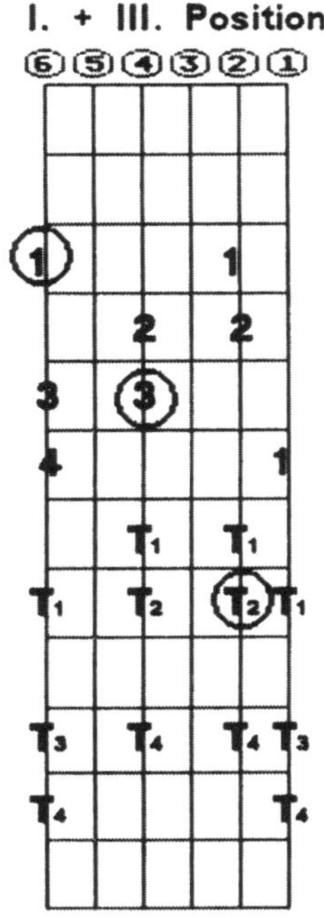

II. + IV. Position

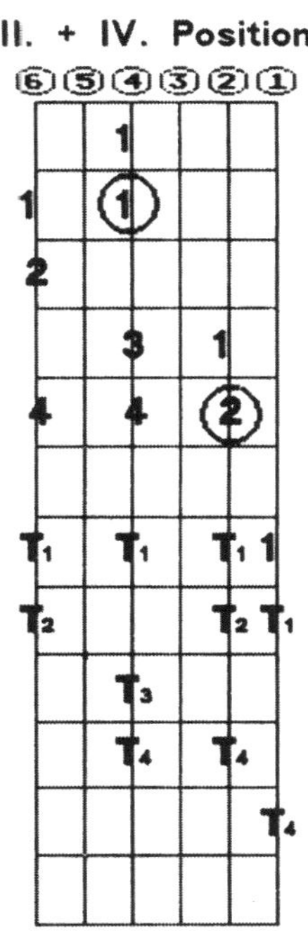

III. + V. Position

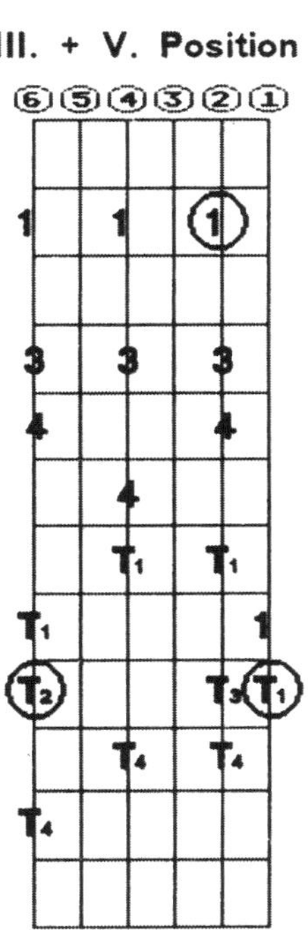

# Melodisch Moll

I. + III. Position

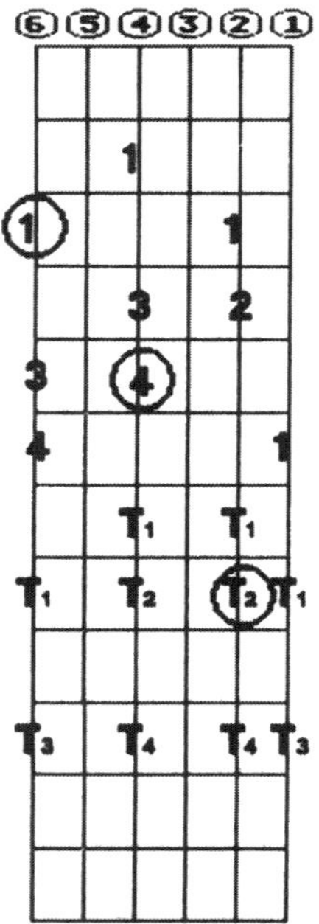

II. + IV. Position

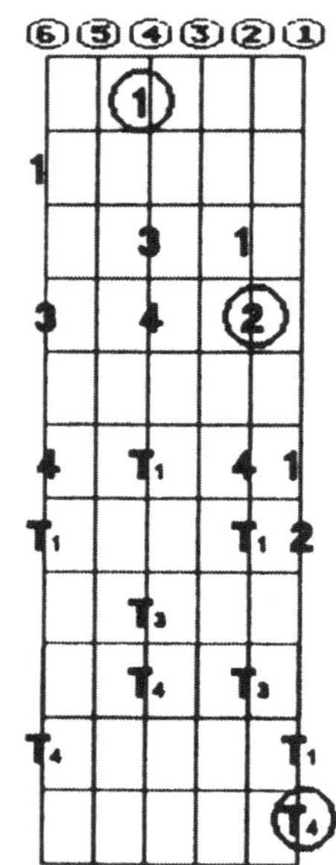

# Lydian b7 Scale

I. + III. Position

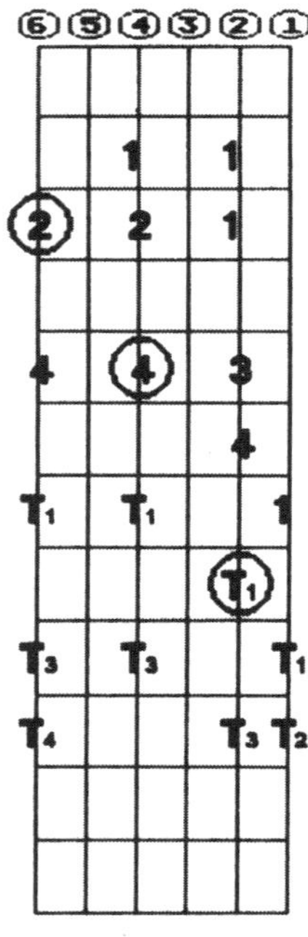

III. + V. Position

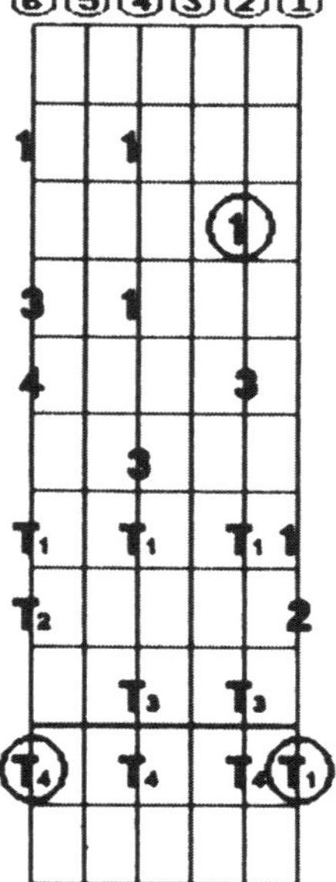

# Ganztonleiter

**Mehrfinger-Tapping**

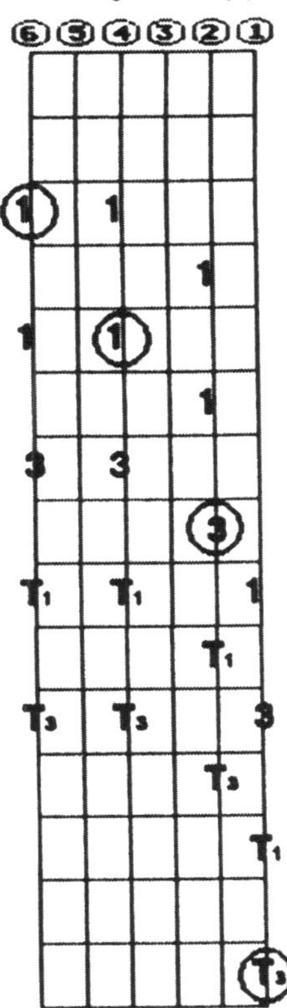

Die symmetrische Struktur der Ganztonleiter ergibt auch ein symmetrisches Griffbild, das nur durch den Terzabstand zwischen der G- und B- Saite unterbrochen, bzw. um einen Bund verschoben wird.

**Einfinger-Tapping**

# Ganzton-Halbton- und Halbton-Ganzton-Skala

**Mehrfinger-Tapping**

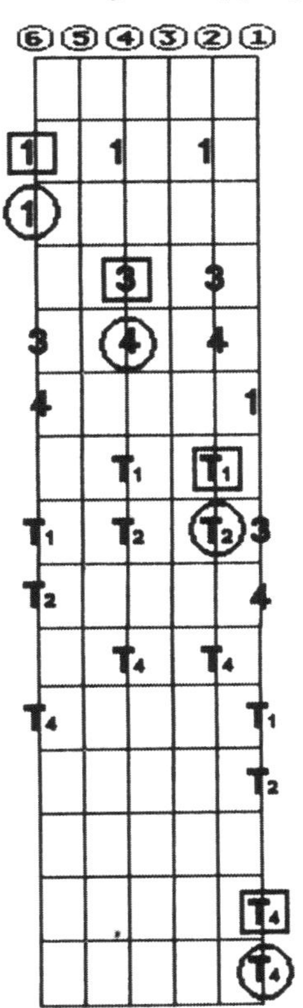

Neben der Ganztonskala gibt es als weitere symmetrische Skalen die **Ganzton-Halbton-** ( ◯ ) und die **Halbton-Ganztonskala** ( ☐ ). Ihre Griffbilder sind identisch, nur der Startpunkt ( ◯ oder ☐ ) unterscheidet sich.

**Einfinger-Tapping**

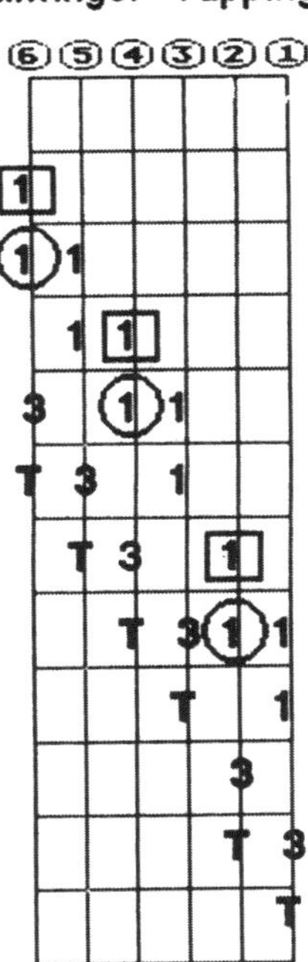

# Akkord-Skalen-Tabelle

| Skala | Intervallaufbau | Akkorde |
|---|---|---|
| Dur-Tonleiter (Ionisch) | 1 9 3 11 5 13 maj7 | Dur, 6, maj7, maj7/9 |
| Natürlich Moll (Aeolisch) | 1 9 b3 11 5 b13 7 | Moll, m7, m7/9, m11 |
| Harmonisch Moll | 1 9 b3 11 5 b13 maj7 | Moll, mmaj7, mmaj7/9 |
| Melodisch Moll | 1 9 b3 11 5 13 maj7 | Moll, m6, mmaj7, mmaj7/9, |
| Dur-Pentatonik | 1 9 3 5 13 | Dur, 6, 9 |
| Moll-Pentatonik | 1 b3 11 5 7 | Moll, m7, m11 |
| Blues-Tonleiter | 1 b3 11b5 5 7 | 7 |
| Ionisch (Dur-Tonleiter) | 1 9 3 11 5 13 maj7 | Dur, maj7, maj7/9 |
| Dorisch | 1 9 b3 11 5 13 7 | Moll, m6, m7, m7/9, m11, |
| Phrygisch | 1 b9 b3 11 5 b13 7 | Moll, m7, m11 |
| Lydisch | 1 9 3 #11 5 13 maj7 | Dur, maj7, maj7/9, maj7/#11, maj7/13 |
| Mixolydisch | 1 9 3 11 5 13 7 | Dur, 7, 9, 13, 7sus4 |
| Aeolisch (Natürlich Moll) | 1 9 b3 11 5 b13 7 | Moll, m7, m7/9, m11 |
| Lokrisch | 1 b9 b3 11 b5 b13 7 | Moll, m7b5, m7/11 |
| H.M.5 | 1 b9 3 11 5 b13 7 | Dur, 7, 7b9, 7b13 |
| Mixo #11 (Lydian b7) | 1 9 3 #11 5 13 7 | Dur, 7, 7b5 |
| Ganztonleiter | 1 9 3 #11 #5 7 (b5) (b13) | 7b5,7#5,7#11,7b13 |
| Halbton-Ganz-tonleiter | 1 b9 #9 3 #11 5 13 7 | 7, 7b9, 7#9, 7#11, 13 |
| Ganzton-Halb-tonleiter | 1 9 b3 11 b5 b13 | b7,maj7 dim7(o), b13 |

**1** = Prim
**3** = große Terz
**5** = reine Quinte
**6** = große Sexte
**7** = kleine Septime
**9** = große None (Sekunde)
**11** = Undezime (Quarte)
**13** = große Terzdezime (Sexte)

**b3** = kleine Terz
**b5** = verminderte Quinte
**b7** = verminderte Septime
**b9** = kleine None (Sekunde)
**b13** = kleine Terzdezime (Sexte)

**#5** = übermäßige Quinte
**maj7** = große Septime
**#9** = übermäßige None (Sekunde)
**#11** = übermäßige Quarte

# Tabulatursymbole

SL gleite von einer Note zu anderen

SL gleite hinauf zur Note

PO abziehen

HO Aufschlag

BU Saite hochziehen

BD gezogene Saite runter lassen

8va eine Oktave höher spielen als geschrieben

(no pick) in Verbindung mit BU: Saite erst ziehen und dann anschlagen

T mit dem ersten oder zweiten Finger der rechten Hand tappen

$T_3$ mit dem dritten Finger der rechten Hand tappen

# Literaturhinweise

Wenn du dich noch eingehender mit den hier angerissenen musiktheoretischen Fragen auseinandersetzen willst, bzw. Fragen aufgetaucht sind, so kann ich dir drei geeignete Bücher empfehlen:

*Rainer Baumann* - **Rockharmonielehre;** Musikverlag Zimmermann, Frankfurt/Main

*Frank Haunschild* - **Die Neue Harmonielehre**, AMA-Verlag, Brühl (Rhld.)

*Eddy Marron* - **Rhythmiklehre,** AMA-Verlag, Brühl (Rhld.)

# Griffbrettübersicht

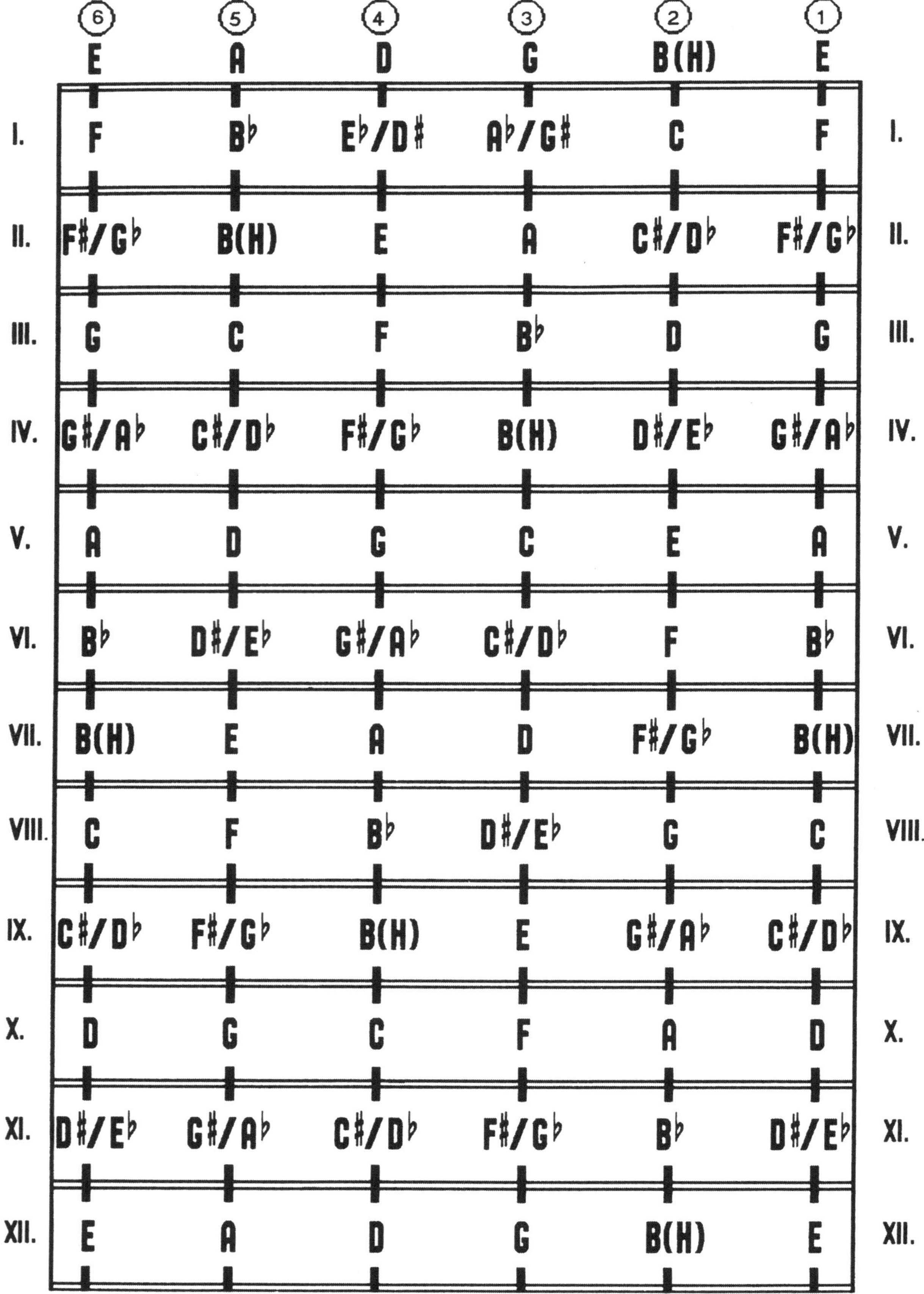

| | ⑥ | ⑤ | ④ | ③ | ② | ① |
|---|---|---|---|---|---|---|
| | E | A | D | G | B(H) | E |
| I. | F | B♭ | E♭/D♯ | A♭/G♯ | C | F |
| II. | F♯/G♭ | B(H) | E | A | C♯/D♭ | F♯/G♭ |
| III. | G | C | F | B♭ | D | G |
| IV. | G♯/A♭ | C♯/D♭ | F♯/G♭ | B(H) | D♯/E♭ | G♯/A♭ |
| V. | A | D | G | C | E | A |
| VI. | B♭ | D♯/E♭ | G♯/A♭ | C♯/D♭ | F | B♭ |
| VII. | B(H) | E | A | D | F♯/G♭ | B(H) |
| VIII. | C | F | B♭ | D♯/E♭ | G | C |
| IX. | C♯/D♭ | F♯/G♭ | B(H) | E | G♯/A♭ | C♯/D♭ |
| X. | D | G | C | F | A | D |
| XI. | D♯/E♭ | G♯/A♭ | C♯/D♭ | F♯/G♭ | B♭ | D♯/E♭ |
| XII. | E | A | D | G | B(H) | E |

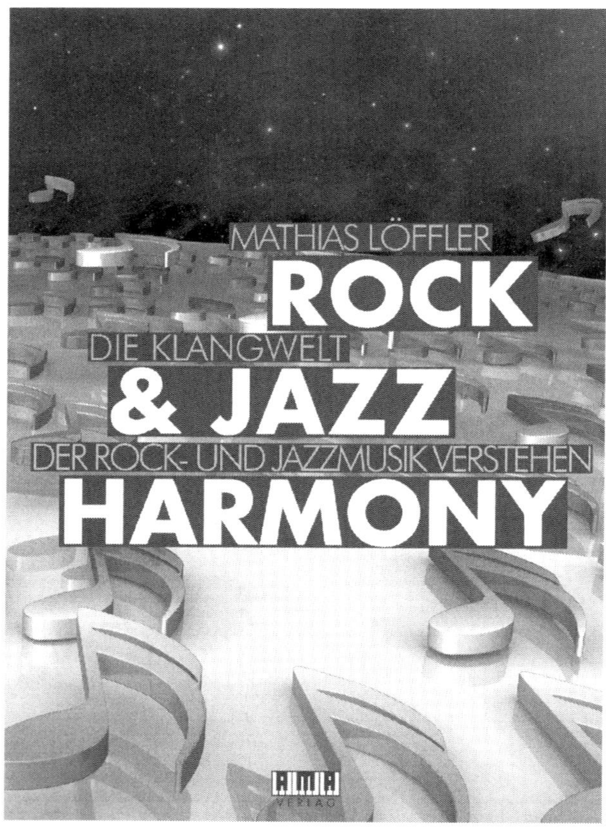


# Rock & Jazz Harmony

## Die Klangwelt der Rock- und Jazzmusik verstehen

Der Autor führt den Leser Schritt für Schritt in die Klangwelt der Rock- und Jazzmusik ein. Alle Regeln werden anschaulich erläutert und durch viele Songbeispiele untermauert.
Aufgaben helfen dem Leser, sein Wissen zu überprüfen.
Dieses Buch ist ein Muss für alle, die auf der Suche nach neuen Anregungen sind und sicher in der Sprache der Rock- und Jazzmusik komponieren, musizieren und improvisieren möchten.

*„Das ultimative Harmonik-Kompendium: Löfflers Kompendium ist die neue Referenz zur Thematik."*
Glarean Magazin

„Dieses Buch klingt! So wird Theorie zur Musik! Die vielen Songbeispiele machen vor allem Lust auf zwei Dinge: Musizieren und Komponieren!"
Klaus Doldinger – Musiker, Komponist, Jazz-Legende

*„Mit Liebe zur Musik geschrieben und bestens erklärt – inspirierend, kreativ und spannend."*
Christoph Hessler – Produzent, Musiker und Songwriter

*„Eine wahre Schatztruhe. Randvoll mit allem, was man über populäre Musik wissen muss. Besonders empfehlenswert für Anfänger!"*
Jan Beiling – Saxophonist

**Autor** Mathias Löffler
**Titel** Rock & Jazz Harmony
**ISBN** 978-3-89922-239-5
**Bestell-Nr.** 610508

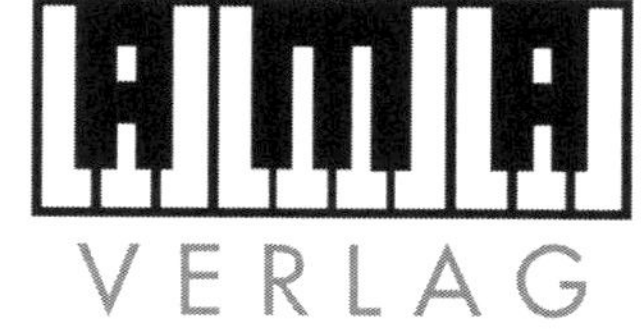